贵州科学家故事

第五册

《贵州科学家故事》编委会 ○ 编

班程农 ○ 主编

贵州科技出版社
·贵阳·

图书在版编目（CIP）数据

贵州科学家故事. 第五册 /《贵州科学家故事》编委会编; 班程农主编. -- 贵阳 : 贵州科技出版社, 2024. 12. -- ISBN 978-7-5532-1478-8

Ⅰ. K826.1

中国国家版本馆 CIP 数据核字第 20241VR161 号

出版发行	贵州科技出版社	
地　　址	贵阳市观山湖区会展东路 SOHO 区 A 座	
	（邮政编码：550081）	
网　　址	https://www.gzstph.com	
出 版 人	王立红	
策划编辑	李　青	
责任编辑	付　玉	
装帧设计	潘昱含	
经　　销	全国各地新华书店	
印　　刷	贵阳精彩数字印刷有限公司	
版　　次	2024 年 12 月第 1 版	
印　　次	2024 年 12 月第 1 次	
字　　数	100 千字	
印　　张	4	
开　　本	889 mm × 1194 mm　1/32	
书　　号	ISBN 978-7-5532-1478-8	
定　　价	20.00 元	

《贵州科学家故事》编委会

序

自 2018 年至今，《贵州科学家传记》已由贵州人民出版社出版发行一至五卷，受到社会各界的好评。在此基础上，《贵州科学家故事》以简洁明快的语言，用大众读者喜欢的表达方式，讲述生动有趣的贵州科学家故事，大力宣传为贵州社会经济发展呕心沥血、鞠躬尽瘁的科技杰出人物，弘扬科学家精神。

贵州建省 600 多年以来，一直是个"移民"大省。从明清时期大量"流官"入黔，到抗日战争时期，再到新中国成立初期和"三线建设"时期，大量外省籍人士进入贵州，其中不乏有学识、能创新、有能力的科技人才。在贵州这片热土上，外来先进科技和理念与本土多彩文化有机融合，涌现了一批坚持创新、勇于探索、不畏艰难、顽强不屈、奋斗到底的贵州科技杰出人物。编撰出版《贵州科学家故事》旨在鼓励年轻人学习科学家的拼搏精神，以百折不挠的毅力和勇于担当的品质，加快后发赶超的步伐。

《贵州科学家故事》选入的故事，其主人公分别活跃于地质矿产、农业、气象、航空航天、电子、机械、化工、生物医药等多个领域。他们各有科技专长，在探索科技创新中展示出不一样的风采。在经济欠发达地区的艰苦岁月里，在经年累月向科学进军的征程中，他们默默无闻地为国家、为贵州的社会经济发展做出太多重大贡献。对这些在各自领域里开拓新境界的科技杰出人物，我们不能忘记他们，如果只是抱着一种敬仰的态度显然是不够的，我们要将贵州人民对他们的怀念和崇敬虔诚地整理出来，记录他们的成长经历和不朽的科技贡献。这将对年轻人起到教育和鼓励的作用，并树立起他们心目中的科技英雄形象。

是为序。

中国老科学技术工作者协会副会长

贵州省老科学技术工作者协会会长

贵州省政协原副主席

2024 年 12 月

目录

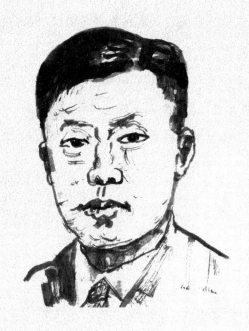

一粒生生不息的"种子"

——中国科学院院士戴松恩的故事

胡海琴

戴松恩（1907.1.6—1987.7.31），男，江苏常熟人，遗传育种学家。曾任中国农业科学院作物育种栽培研究所研究员、副所长，中国农业科学院副秘书长、研究生院副院长。抗日战争时期，曾在贵州省农业改进所工作，负责选育烟草、油菜、玉米等改良品种，为贵州农业的大改进、大发展做出了贡献。1955年当选为中国科学院学部委员（1993年改称为中国科学院院士，后不再一一说明）。

读书的"种子"

1907年1月6日，戴松恩出生在江苏省苏州府常熟县唐市镇，是家中独子。戴家一无房产，二无田产，生计全仰赖在镇上米行做推销员的戴父戴瑞如。戴父常年奔走于上海、无锡间，常常数年才回家一次。虽辛劳如此，但一家人的温饱依旧堪忧。戴松恩自幼跟随着母亲在集市摆摊补贴家用。戴母身材高大，且长有一双大脚，这双"大脚"不分冷热晴雨为生计奔走。

出生在社会底层，戴松恩见惯了贫与病。"幼年时期，我看到小镇上许多老百姓的生活都很苦，他们肚子都吃不饱，身体很虚弱。"戴松恩在后来回忆起时很是疑惑，在岁岁多收、人人勤劳的常熟之地，为何依旧是"小熟吃到知了叫，大熟吃到穿棉袄"？更糟的是，唐市镇上只有私人挂牌的中医，收费高，老百姓没钱看病，所以病死的很多，戴松恩的父亲就是在36岁时因肺结核去世。父亲早亡，家无恒产，唯一可以支撑少年戴松恩的就是养家的恒心。"我当时觉得我的母亲太苦了，我应当用功读书，担负起家庭的重担。加之父亲病故，更激起了我养家的想法。"

戴松恩读书的天赋很快显现出来，7岁起在东唐市初级小学免费就读，拿第一名是常有的事；10岁后升入东唐市高等小学继续求学。三年后戴松恩顺利升入苏州晏成中学，学校校歌中的"利济人群 日唯科学"是对他最早的科学精神启蒙。最终机缘巧合，戴松恩进入南京金陵大学农学专修科。

戴松恩这颗读书的"种子"，找到了适合自己的"土壤"。事实上，他无意中站在了中国现代农业科学事业的转折点上。

当时，中国农学开始了近现代化进程，逐步从经验农学走向实验农学，国内相继涌现出了专业化、规范化、体系化的农学研究机构。戴松恩就读的金陵大学，是坚持农业改良，尤其在作物育种领域取得优异成绩的高等农业教育学校。美籍教授芮思娄、美国作物育种权威专家洛夫和中国农学家沈宗瀚等学者秉持着"有好种，才有好庄稼"的理念，一改"天然变异、自我进化"的传统育种方式，将近代作物育种理论和技术应用到育种工作中。这些创造历史的人，恰好都在戴松恩的身边。

戴松恩以农业专修科第一名的成绩被选派为沈宗瀚教授的助理，跟随教授学习小麦、水稻、高粱等作物育种学的全套技术，并参与选育"金大2905""金大26号"等中国第一批优良小麦品种研究。1931年，戴松恩以遗传育种专业第一名的成绩留校，任农学院农艺系助教，继续协助沈宗瀚教授开展小麦育种工作。1933年，戴松恩考取清华大学公费留美研究生，前往康奈尔大学追随洛夫教授攻读作物育种和细胞遗传学，三年后以用英文撰写的《中俄美小麦品种杂交之遗传研究》论文获得了博士学位。

戴松恩终于成长为一颗成熟的"种子"。

"落地"故土

当时戴松恩这颗"种子"成熟后有两块"土地"

可落脚：一是接受导师洛夫的邀请，携家人留居美国；二是回归中国大地。"科学无国界，科学家有祖国"，有着科学救国理想的戴松恩认为："我有责任把贫穷落后的祖国振兴起来""搞农业离不开土地，只有在祖国的土地上，我那点知识才能更好地为家乡父老、为更多人服务"。1937年，戴松恩踏上归国的旅程，时年三十岁。

三十而立，戴松恩所"立"的，是农学家的勤奋劲、士大夫的悲悯心、中国人的家国情。归国后，戴松恩出任中央农业实验所（以下简称"中农所"）技正，主持小麦细胞遗传和小麦抗赤霉病研究工作，对不同品种小麦的病虫害及抗病能力和引进的美国良种小麦生长状况进行调研，推动小麦增产事宜。但好景不长，卢沟桥事变的枪声响起，"平津告急！华北告急！中华民族告急！"偌大的中国已放不下几亩安静的试验田，戴松恩开启了辗转多地的战时生涯。作为抗战大后方，贵州成为文化西迁的聚集地之一。贵州省建设厅与中农所共同筹建贵州省农业改进所，负责全省农业的统筹、改进事宜，戴松恩应沈宗瀚教授之邀前来。

贵州是中国唯一一个没有平原作支撑的山区省份。直至20世纪30年代，贵州省内绝大部分的农产区仍处于"刀耕火种""广种薄收""轮休丢荒"的原始农业阶段。战时由于文化西迁，许多农业科技人才聚集于中农所，一场关于贵州农业的大改进工作蓄势待发。

在贵州工作期间，种种原因使得戴松恩另寻研究方向。他发现，贵州很适合种植烟草，但同时面临着烟种种类及其质量问题。1938年春天，戴松恩开始了选种工作，这也是贵州首次引种种植烤烟。经品种比较试验，美国弗吉尼亚"黄金叶"（即"佛光"种Virginia Bright Leaf）胜出，之后在贵州推广种植并取得迅猛发展。20世纪40年代，"黄金叶"一直是贵州烟区的主要种植品种，推动了贵州制烟工业的迅速发展，不仅扭转了贵州过去依赖于外省输入烟草原料的局面，而且一跃成为输出省外的烟草大省，每月外销的卷烟多达二三百吨。"黄金叶"成为贵州农业当时最主要的经济作物，也是贵州的主要经济来源，为本地烟草事业的飞跃发展奠定基础。这些成就，均得益于戴松恩先生的贡献。

美国的烟草在贵州取得成功后，人们便希望引进美国双杂交玉米种子，试图复制烟草的成功。戴松恩在贵阳开展引种实验，发现美国的双杂交玉米种子并不优于本土最优品种，为此他于1939年在《农报》上发表《美国杂交玉米在我国的利用问题》一文，提出直接引种美国双杂交玉米品种并不能解决玉米增产问题，只有利用它们的自交系与本土玉米材料杂交，才能获得适用于中国的高产玉米品种。戴松恩还对玉米杂交品种推广的问题进行论述，在1941年的《农报》上发表题为《抗战期中玉米杂交种之推广问题》的论文。此后，戴松恩还主持了当时贵州的油菜改良工作，改良的油菜品种"罗甸一号"在贵州得到大规模推广，油菜基本育种法也获得初步成果。

1942年4月，戴松恩离开贵州，先是出任湖北农业改进所所长，负责粮食增产工作，后任中央农业实验所北平农事试验场场长。1948年底，平津战役打响，北平被围，国民党大势已去，准备撤退。戴松恩接到了上峰"将全体人员、设备及财产运往南京，决不能落入共产党之手"的命令，但戴松恩选择站在光明的一边，他拒绝离开北平，并留下了试验场的人员、财产、仪器设备和档案资料。

中国"种子"

1949年"五一"劳动节，新组建的华北农业科学研究院成立，戴松恩任副所长，主管科研组织和管理工作。1957 年 3 月 1 日，中国农业科学院成立，戴松恩被任命为作物育种栽培研究所副所长。新中国成立后直至戴松恩去世前的 38 年间，他一直出任农业科技领域的行政管理职务，将精力全部都放在了中国农业的粮食安全上。

"种子"是农业的芯片。1978 年 7 月，"全国农业学术讨论会暨中国农学会第三届全国代表大会"召开，戴松恩首次公开建议制定种子法，并于同年 9 月撰写了《关于迅速制定〈种子法〉的建议》。1981 年 12 月，在戴松恩等专家的建议和国家相关部门的推动下，国家农作物品种审定委员会在北京成立，1986 年国家作物种质库（老库）建成。1989 年 3 月，国务院发布《中华人民共和国种子管理条例》，戴松恩生前提出的组织良种审定委员会，建立良种繁育基地，建立种子贮藏制度、种子调运检疫等建议在条例的相关条文中得到了体现。2000 年，《中华人民共和国种子法》正式实施；2021 年 9 月，国家作物种质库（新库）建成，该库是全球单体量最大、保存能力最强的国家种质库。当我国逐渐攥紧中国种子，端稳中国饭碗，实现粮食安全的历史成就时，戴先生是功不可没的人。

　　在农业行政管理岗位上，既懂大局又懂技术的戴松恩先生立足于顶层设计的高度，促进我国农业的现代化发展进程。1983 年，中国农学会向戴松恩颁发了"从事农业科研 50 周年表彰奖"。1985 年，中国科学院

授予他"从事科学工作 50 年荣誉奖",以表彰他在作物遗传育种研究所取得的成绩和对我国农业科学做出的贡献。

戴松恩终身扎根脚下的土地,在推动中国农业从"经验农学"向"实验农学""科学农学"发展上,付出了一生的心血。1987 年 7 月 31 日,戴松恩不幸因病逝世于北京。1987 年 8 月,中国农业科学院东圃场试验田上一片深绿。头发花白的小麦遗传育种学家庄巧生长跪在地,他双手捧着戴松恩先生的骨灰盒,送这位当了一辈子育种人的恩师回归深爱了一辈子的土地。墓地没做任何标识,只是田间一角。30 多年转瞬即逝,试验田间耕种的小麦青了又青……当年执弟子礼的庄先生,也成了桃李满天下的中国科学院院士。如今,即使戴松恩先生已离世多年,但他撒在人心中的种子早已"枝繁叶茂"。戴松恩将自己的一生,活成了一粒生生不息的"种子",他的科学精神、家国情怀,至今仍在他的学生中薪火相传。

读者随笔

你也有这样的一个生命

——中国科学院院士邢其毅的故事

杨　骊

邢其毅（1911.11.24—2002.11.4），男，贵州贵阳人，有机化学家、教育家，中国科学院院士，北京大学化学与分子工程学院教授、有机化学专业博士生导师。邢其毅提出了合成氯霉素的新方法，领导了牛胰岛素全合成工作，从事多肽合成及人参肽、花果头香等天然产物和立体化学的研究。人工全合成牛胰岛素于1982年获国家自然科学一等奖。

一

汽笛声长鸣，游轮的甲板上站着一位青年，他凝望着东方，久久地陷入了深思，这位青年正是邢其毅。四年前，年仅22岁的邢其毅从北京辅仁大学化学系毕业后，远赴美国伊利诺伊大学研究生院，成为著名有机化学家罗杰·亚当斯（R. Adans）的学生。三年后邢其毅获博士学位，转赴德国慕尼黑大学，师从有机化学家、诺贝尔化学奖得主海因里希·维兰德（H. Wieland）教授。正当邢其毅全身心投入科学的探索和学习的时候，震惊世界的卢沟桥事变发生了，抗日战争全面爆发。在父亲一封家书的召唤下，邢其毅毅然结束了在德国的博士后研究工作，只身踏上了回国的轮船，踏上与祖国和民族同命运的征途。

回到祖国后，邢其毅在中央研究院化学研究所（以下简称"化学研究所"）任副研究员，投身生物碱的研究。可是好景不长，淞沪会战后上海失守，日寇入侵，上海危在旦夕，刚刚开始的生物碱研究工作被迫停止。为保存中国工业、科研、教育的实力，1938年，国民政府开始了政府机构、文化机构、工厂企业、大中专院校西迁南迁的战略转移，化学研究所也在炮声中开始了仓促而艰难的战略转移。受中央研究院院长蔡元培的委托，邢其毅负责将化学研究所的贵重仪器和图书资料转运到昆明。这是一次艰难的旅程，要运送80多箱图书、资料、研究仪器。庞大的南迁队伍里既有科学家，也有民夫，一路上轮船转马车、独脚车，一路行来，所到之处饿殍遍地、民不聊生。为了躲避日军封锁，这支转运队伍绕道香港，取道越南，再从越南入境，一路艰辛，整整半年的时间才抵达昆明，邢其毅不负所托将仪器和书籍等贵重物品运抵至目的地。

四季如春的昆明让人感到惬意，研究工作终于可以照常开展了，只是此时邢其毅目睹国民政府消极抗日、贪污腐败的情景后感到非常失望，于是他决定逃离让他感到压抑、失望、不安的环境。1941年，邢其毅回到了上海，他怀着一心投身抗战一线的初心，等待着时机的到来。

邢其毅的挚友林葆络是著名的儿科大夫，在日本留学毕业后开设了自己的诊所。与邢其毅的经历相似，为了投身抗日救国，他放弃了在日本的事业，前往大后方昆明。在这里，两人因看不到国家和民族的未来而倍感失望，他们决定一同离开昆明。林葆络来到北平，他在北平的寓所成了中共北平学生工作委员会委员兼秘书长、职员工作委员会书记崔月犁的地下联络点。通过林葆络，邢其毅认识了崔月犁，并了解到中国共产党正在为建立一个自由民主的新中国而奋斗。仿佛在黑暗中看到了希望，邢其毅决定到新四军的根据地，直接投身于抗战的洪流中去。

1944 年，邢其毅等来了新四军派来接应他的同志。冒着生命危险，他们穿过日军和国民政府的封锁线，终于到达了共产党领导的抗日前线皖北解放区天长县。邢其毅加入了新四军华中军医大学（1951 年 7 月改名为白求恩医学院）的工作中，负责生物化学的教学和研制抗日军民急需的药物。在解放区，邢其毅热情地投身于新的工作中。华中军医大学由新四军卫生部直接领导，致力于为部队培养急需的医学人才。邢其毅成为药学系唯一的教授，主要讲授生物化学和药学，为学校培养了第一批正规训练的药学骨干人才。根据地的日子也不总是平静的，他们时而也会随着部队进行战略转移。有时，邢其毅骑在马上，妻子钱存柔抱着儿子坐着独轮车或牛车跟随着部队前行。虽然转移的路途坎坷，但这也是他们在动荡岁月中不可多得的幸福和甜蜜时刻。

1945 年 8 月 15 日，日军全面投降，艰苦的抗战终于取得了全面的胜利，满目疮痍的国家百废待兴。邢其毅以一个科学家的远见，预见到新中国建设需要更多的人才，而像他这样在国外受过专业训练的人并不多。于是邢其毅向组织提出离开解放区，去大学教书，为国家培养更多的人才。1946 年初，邢其毅一家三口从解放区辗转至上海，他们再一路北上至天津塘沽，最终坐火车回到了北京。随后，邢其毅在北京大学农化系和化学系担任教授。

二

1949 年 1 月 31 日，北平和平解放，邢其毅暗暗发誓："不怕任何艰难险阻，都要为新中国的教育和科研事业贡献全部的力量。"1950 年至 1952 年期间，他兼任辅仁大学化学系主任，为战后辅仁大学的重建做了大量的工作。1952 年全国院系调整后，他在北京大学农化系和化学系担任教授及化学教研室主任。

在邢其毅的眼里化学是一门美丽而浪漫的学科。尽管多年颠沛流离的生活导致邢其毅饱受十二指肠溃疡的困扰，但他从未因病痛影响过他的教学。邢其毅上课时从来不用讲稿，他诙谐的语言、漂亮的板书，总会将枯燥的化学反应和难懂的理论表达得幽默而风趣，立刻能让学生们心领神会。学生们感叹道："有机化学与国民经济的发展息息相关。""有机化学在我们的生活中，无处不在。"邢其毅生动的授课方式使他的课程成为教育部的观摩课。

当时，大学里没有一本具有国际先进水平的有机化学教科书，图书馆也只有几本国外的老旧教材，上课只能靠教授自己编写材料，再由学校的教材科刻蜡版油印，而学生复习只能依靠上课时记的笔记。邢其毅暗下决心，一定要有一本中国人自己编的有机化学教科书。每天除了教学，邢其毅将身心全部投入到教材的编写中。1957 年，他编著的中国第一本近百万字的《有机化学》（上、下册）正式出版，被称为"邢大本"，定为全国高校通用教材。他编写的《基础有机化学》一直作为大学教材沿用至今，为中国的有机化学事业培养了无数的人才。

除教学外，邢其毅在有机化学的研究中也取得了重大的成果。早在 20 世纪 50 年代他就认识到多肽和蛋白质领域的研究是有机化学中一个重要的发展方向。他开展了关于氨基酸保护基和接肽方法的研究，带领学生与中国科学院上海生物化学研究所（以下简称"生化所"）的科学家们共同研究人工合成牛胰岛素项目。当时我国在蛋白质多肽的合成研究领域是空白的，就连基本的溶剂和氨基酸也都非常紧缺，邢其毅与生化所的戴乾圜等以研究氨基酸的保护问题作为多肽研究的起点，于 1957 年在《科学通报》上发表了国内第一篇有关氨基酸保护与标记的研究论文。

1958年，由聂荣臻直接领导进行的中国重大基础科研项目——人工结晶牛胰岛素的合成研究，邢其毅担任该研究项目的主要学术领导者。1964年初，实验搬到上海有机化学研究所进行，北京大学、生化所和中国科学院上海有机化学研究所三个单位再度合作。连接胰岛素A、B两条肽链的二硫键是人工合成胰岛素的关键，A、B两条肽链的合成前无古人，需要斩关夺隘，并保证所合成的肽链在空间上弯到指定的位置。生化所研究转肽，北京大学化学系研究接肽，邢其毅亲自率领团队到上海进行胰岛素A链的合成研究。经过七年的艰苦攻关，1965年终于完成了结晶牛胰岛素的合成，该项目于1982年获国家自然科学一等奖，邢其毅领导的团队于1997年获得求是科技基金会颁发的"杰出科技成就集体奖"。这一成果得到了国际同行的认可，也标志着我国科学家在蛋白质与多肽合成化学的研究领域达到了国际领先的水平。虽然人工结晶牛胰岛素合成项目最终与诺贝尔奖擦肩而过，但邢其毅这些科学家的治学精神和辉煌成果将永久被载入化学史册。

邢其毅在科学研究方面始终认为，研究选题应该选有科学价值的，对国家经济社会有重大影响的，并且是别人没有开展研究过的。"世界上别人没有开展的研究，我们也是有可能开展的，科学家有新的思路是基础，耐心和信心是保证。"邢其毅总是教导学生在研究工作中要积极开动脑筋，他常说："仪器设备方面，我们虽然不比别人好，但是研究主要靠脑子、靠手艺。有机合成是一门艺术，能在简陋的实验条件下做出高水平的工作，才是真本事。""搞研究要甘于坐冷板凳，安于过清贫生活。脑子里只想着赚钱发财的人，在学术上是不可能有成就的。"

《物性论》是古罗马诗人和哲学家卢克莱修（约公元前99年到公元前55年）的作品，卢克莱修假借缪斯之名，以诗歌的形式探讨了世界的起源。87岁高龄的邢其毅着手翻译这部作品，历时四年终于完成，这是他从化学家的角度奉献给读者的最后一部译著。

邢其毅的一生贯穿了中国的近现代史，他出生于1911年，见证了封建王朝的瓦解，经历了军阀混战和抗日战争的艰难岁月，最终迎来了新中国的成立。无论世事怎样变迁，邢其毅始终怀有一颗赤子之心，正如他在翻译的《物性论》中所说："没有怪物从我们无知的阴暗角落向我们发动攻击，而现在整个宇宙为自然规律的知识所照耀。"邢其毅就是照耀我们的光。

读者随笔

麦子的故事

——中国科学院院士庄巧生的故事

喻莉娟

庄巧生（1916.8.5—2022.5.8），男，福建闽侯人。中国小麦遗传育种学科主要奠基人之一，小麦遗传育种学家，中国科学院资深院士，中国农业科学院作物科学研究所研究员。在第二届国际小麦大会上，庄巧生被授予小麦研究领域"终身成就奖"。

1939 年 3 月，贵阳西郊中央农业实验所贵州工作站走进一位气宇轩昂的年轻人，他就是庄巧生，刚以优异的成绩从金陵大学农艺系毕业。

金陵大学享有"江东之雄"美誉，尤其以农林专业为中国之先驱而闻名世界。斐陶斐荣誉学会是民国时期极为重要的学术团体，又称斐陶斐励学会，是民国时期由几所知名大学联合创建的学术团体，一般只有校内最知名及品格高尚的教授才会被选为会员，钱学森、张光斗、姚桐斌等都是该会会员。庄巧生在金陵大学获得了学士学位的同时，还以高校优秀毕业生的身份被选为斐陶斐荣誉学会会员，被授予金钥匙奖，他可谓精英中的佼佼者。

经当时中央农业实验所副所长、小麦界权威专家沈宗瀚先生的引荐，庄巧生在农业实验所贵州站技正、贵州省农业改进所农艺系主任、植物学家沈骊英先生指导下开展小麦科研工作。

这位后来被人们誉为"世纪麦翁"的中国科学院院士，在这里开始了他的小麦科研之旅。

19世纪初到19世纪中叶，贫穷落后的贵州大面积地种植罂粟，曾经统治过贵州的军阀王家烈的部队被称为"双枪兵"（一支枪为步枪，一支枪为鸦片烟枪），可见烟患之严重，对人民造成了极大的危害。

20世纪30年代中后期，为配合当时国民政府遏制贵州鸦片种植的意愿，沈宗瀚、沈骊英等科学家从科学的角度达成共识，决定以农业实验所名义推广小麦种植，用来替换广植于田土的罂粟。

初出茅庐的庄巧生在小麦种植推广工作中奋发努力，深得沈骊英先生的器重。正是在贵州这一年多的实验中，庄巧生对小麦品种研究颇有心得。根据沈先生的授意和指导，庄巧生综合所里科研人员在这两年小麦种植田间试验的结果，以及下乡调研所取得的资料，整理后形成《贵州之小麦》一文，并在当时中央农业实验所的专刊第24号发表。此篇文章的发表令他的学术能力在扎实的基础工作中得到了很大的提升。

《贵州之小麦》是贵州历史上第一篇关于小麦的

文献，文中对贵州的小麦生长、生产概况、生态环境、地方品种类型、地方试验品种以及种植技术等均做了系统的阐述，为以后贵州的农业生产特别是小麦的种植起到了重要的参考和促进作用。

庄巧生关于麦子的故事就这样在贵州有了一个美好的开始！

为进一步提高自己的科研能力，1940年8月，庄巧生返回金陵大学农艺系，给刚从英国留学回来的靳自重教授担任助教。庄巧生协助靳先生完成了两篇小麦种间细胞遗传学的研究报告，自己也有了新的收获。

1942年冬，庄巧生再返科学实践一线，应作物育种学家、湖北省农业改进所所长戴松恩先生之邀，到位于恩施的湖北省农业改进所任技师兼鄂北农场场长。由于庄巧生工作出色，1944年10月，戴松恩先生又推荐他到位于重庆北碚的中央农业实验所麦作杂粮系任技士，从事小麦品种改良研究。

庄巧生在科研中的出色表现令他有机会被选赴美深造。1946年8月，庄巧生学成返国，回到了已从重庆迁返南京的中央农业实验所。抗日战争胜利后，中央农业实验所接管了北平的"华北农事试验场"，并将其改名为中央农业实验所北平农事试验场（以下简称

"农事试验场"），庄巧生主动提出北上，欲在小麦主产区的广阔天地一展身手。1946 年 10 月，庄巧生被派至农事试验场任技正兼麦作研究室主任，主持小麦育种课题。

中华人民共和国成立后，农事试验场更名为华北农业科学研究所，1957 年又扩建为中国农业科学院。庄巧生一直在中国农业科学院从事小麦育种研究工作，为发展中国小麦生产，为国家粮食增产做出了重要贡献。

好故事总是一波三折，庄巧生与麦子的故事也是如此。

20 世纪前半叶，庄巧生守望在田间，置霜寒、风雨与骄阳于不顾，悉心观察、记录、侍弄麦苗，短短两年时间，他在前人工作的基础上提炼出了"燕大1885 号""北系 3 号"等三四个新品种，准备在周边地区试种推广。不料 1950 年春，全国爆发了前所未见的小麦条锈病，这些品种也因感病严重而未能投入生产应用。

几十年后，庄巧生在回顾小麦育种生涯中的两大遗憾时，不无伤感地说："刚到北方不久就碰上了历史上罕见的小麦条锈病大流行，造成此前以抗逆育种为主的品种材料几近全部报废。"

失败是成功之母，在哪里倒下就在哪里站起来，这两句话对于庄巧生来说是一种真实的写照。

汲取经验教训，20 世纪 60 年代中后期，庄巧生育成了抗锈病、丰产、适应性很广的"北京 8 号"，它是 20 世纪 60 年代后期至 70 年代中期华北平原的主栽品种之一，年最大种植面积在 13 340 平方千米。之后用三个亲本以双交方式育成的"北京 10 号"，丰产性比"北京 8 号"还略胜一筹，曾在山西中部、南部、东南部和河北中部地区广为种植，年最大面积为 5000 平方千米左右。"北京 8 号"和"北京 10 号"于 1978 年获全国科学大会奖。

庄巧生说："要跌打滚爬在麦田中，学会同小麦对话。"从此，他与小麦的精彩故事，高潮迭起。

20世纪70年代初，庄巧生带领课题组对代号为"6354"的三交组合（即三个亲本分别具高产潜力、大穗和早熟的特点，并都抗条锈病）进行研制，育成以后称为"北京14群体"（第六代群体），是国内较早倡导使用三交和复合杂交的少数育种专家之一。

庄巧生主持育成的品种中，有半数以上是采取三交方法育成的，包括"亥恩·亥德""欧柔""北京8号""冀麦1号""冀麦2号""红良4号""红良5号"等品种，这些品种分别在河北中部、山西中南部、北京地区推广种植，为当地粮食增产做出很大的贡献。

继"北京号"系列之后，庄巧生又主持育成"丰抗号"系列冬小麦新品种。"丰抗号"系列品种于1984年获北京市技术改进奖一等奖。其中"丰抗8号"年最大种植面积曾达4000平方千米（1988年），是当时北部冬麦区推广面积最大的品种，并于1984年获农业部技术改进奖一等奖。"丰抗13号"年最大推广面积1500平方千米左右，于1988年获农业部科学技术进步奖三等奖。"丰抗号"种植面积迅速扩大，推动了天津，河北东部、中部等华北平原地区的第四次大范围的品种更换，在其鼎盛的推广时期，"丰抗号"最大种植面积约为 7000 平方千米。

1990 年，庄巧生以其杰出的贡献，被授予"全国农业劳动模范"荣誉称号。

20 世纪 80 年代后期，庄巧生还主持育成了"北京837"和"北京 841"，其产量潜力和千粒重又有所提高，"北京 837"于 1992 年获农业部科学技术进步奖三等奖。

从 1981 年起，受农业部委托，庄巧生主持"六五"和"七五"国家重点科技攻关项目中的"小麦高产、稳产新品种选育及其理论与方法的研究"课题。"全国大区级小麦良种区域试验'六五'成果及其应用"于 1987 年获国家科学技术进步奖二等奖。同时，庄巧生也于 1985 年获得各民主党派、工商联为四化服务先进个人奖，1986 年获国家三委一部（国家计划委员会、国家经济贸易委员会、国家科学技术委员会、财政部）颁发的"'六五'国家科技攻关先进个人奖"。

庄巧生曾谦逊地说："简而言之，我一生只做了两件事：一是育成十来个应用在生产上的优良小麦品种；二是编几本与小麦或小麦育种有关的专著，为国家科技事业留下一些历史记录，仅此而已，微不足道。"简短的话语，却包含了许多意义重大的成果。庄巧生参与编写的《中国小麦品种及其系谱》（1983年）一书，系统总结了中华人民共和国成立后30多年来小麦品种改良的成就与经验，其中由他主笔的《亲本选配的基本经验》一章实际上是他本人科研实践的理论总结。此书问世后受到国内外同行的好评，并于1985年获全国优秀科技图书奖一等奖和农牧渔业部技术改进奖一等奖。

继《中国小麦品种及其系谱》之后，庄巧生又主持编写了百万字的专著《中国小麦品种改良及系谱分析》（2003年），系统总结了中华人民共和国成立后50多年来我国育种工作的主要成就与经验，成为一本涵盖半个世纪的小麦育种专著。

除了撰写专著外，庄巧生还会抽空翻译一些专业著作，由他主编（译）或参编（译）的专著有：《植物育种学》《中国小麦栽培学》《中国小麦品种及其系谱》《生统遗传学导论》《小麦育种理论与实践》《小麦育种理论与实践的进展》《基因库与世界食物》等。这对提高我国作物育种理论水平起到了积极作用。

1996年，由于庄巧生在育种科研中的贡献，他荣获了"何梁何利基金"所设立的"何梁何利奖"。

庄巧生的家庭经济并不宽裕，但在获奖后，他立即将所得的 10 万元港币奖金全部捐献出来，支持冬小麦育种课题组的研究。他的举动感动了院、所两级领导，院、所两级领导立即匹配资金，设立了"庄巧生基金"，用以奖励作物科学研究所在小麦育种相关领域做出重要贡献的青年科研人员。2005 年，在全国 16 个单位的支持下，中国农业科学院作物科学研究所设立了"庄巧生小麦奖励基金"，面向国内基层，奖励在小麦育种相关领域做出杰出贡献的个人。

庄巧生的无私奉献精神在农科战线传为佳话，为庄巧生与麦子的故事增添了一抹异彩。

2022 年 5 月 8 日 16 时 32 分，庄巧生在北京逝世，享年 105 岁。

2022 年 9 月 12 日第二届国际小麦大会上，我国已故著名小麦科学家、中国科学院院士庄巧生被授予小麦研究领域"终身成就奖"！

庄巧生的科学家精神令后人高山仰止……

读者随笔

敬畏之心捧向稀有稀土

——中国科学院院士郭承基的故事

章俊梅

郭承基（1917.1.21—1997.2.13），男，山西清徐人，地球化学家、矿物学家。1943年毕业于北京大学地质系。1947年毕业于日本京都大学理学部地质矿物学教研室。1966年在贵阳任中国科学院地球化学研究所稀有元素矿物化学地球化学研究室主任、研究员。1980年当选为中国科学院学部委员。

一

1952年，山西省清源县与徐沟县合并为清徐县，清徐县地处山西省太原市城郊，背靠吕梁，面向晋中，境内资源丰富，特产众多，享有"葡乡醋乡鱼米之乡，泉城湖城文化古城"之誉。此地自古人文荟萃、人才辈出，中国科学院院士郭承基先生便生长在这里。郭承基字敬业，晚号二耕，是我国著名的矿物学家、地球化学家。

二

1931年秋，徐沟县东北角刘村的土路上，14岁的少年郭承基正急匆匆地行走着。他凌晨4点便起了床，赶5公里山路到了徐沟县，稍事休息，又从徐沟县向西步行约17.5公里到达清源县。在清源工作的二哥帮他联系了一辆邮车，带他去40公里外的省城太原，他将在山西省立第一中学读初中。

三

郭承基到太原上中学后不久，"九一八"事变爆发，日军侵占了东北三省。少年郭承基隐约感受到了国家的动荡，内心对知识的渴求变得更加急迫。特别是他接触到新开设的化学课后，便迷恋上了化学，认真钻研有关书籍。初中毕业后，他考入了山西太谷铭贤高级中学，一年后又转入太原并州高中。在高中老师的启发下，丰富的化学知识激发了他更浓厚的学习兴趣。1937年7月7日，卢沟桥事变爆发，郭承基被迫中止高中学业，于同年10月回到故乡刘村开始自学。

四

1939年9月，在家自学一年多后，郭承基考入北京大学，但是被录取的不是他喜欢的化学专业，而是理学院地质系地质专业。

从最初对地质学的排斥到被其散发的无穷魅力所吸引，青年郭承基深信这门学科对多灾多难的祖国一定能有所助益。

四年的大学生活磨砺了郭承基，1943年7月，他从北京大学地质系毕业，留校做了助教。同年10月，郭承基考取赴日本公派留学生，进入京都大学理学部地质矿物学系，师从著名的稀有元素矿物学专家田久保实太郎教授，从事铜和铅锌矿物、矿床研究。田久保实太郎是一位用化学方法研究稀有元素矿物的专家，在他那里，郭承基见识了国内闻所未闻的研究方法。从此，郭承基与稀有稀土元素结下了不解之缘，他如饥似渴地学习这一全新的学科知识。

五

稀有稀土元素是现代工业和最新科学技术发展必不可少的材料，常用于航空和太空工业，还可用来制造各种光电设备及半导体材料，熔炼高强度合金钢、制成热稳定性强的合金等。

战败的日本满目疮痍，几乎没有科学研究人员顾得上研究稀有稀土元素这门先进的前沿学科。而郭承基选择它，首先因为从小对化学的热爱，稀有稀土元素对自己有强烈的吸引力；其次他总觉得研究好这些元素，将来会对祖国有所帮助。

在此期间，一个叫柏野秀子的女孩走进了郭承基的生活。她比他小五岁，是个典型的日本传统女性，如她的名字一样温柔良善、端庄秀气。不久后，他们组成了家庭并有了孩子。柏野秀子像大多数日本家庭的主妇一样，为郭承基打理生活，照顾孩子，做家务，让他安心学习、工作。

郭承基每天在实验室的工作结束后，还会挤出一些时间为大阪国际新闻社修改、校译中文稿，以换取一些稿费贴补家用。在这个过程中，郭承基看到祖国正发生着翻天覆地的变化，国内富有生气和希望的新生活像磁石般吸引着他，他仿佛听到了祖国对自己的热切召唤。他决定要回到祖国，将自己的所学投入到祖国火热的建设中。

六

1952 年夏，取得优异研究生学业成绩的郭承基在一位同乡的帮助下，带着妻子和四个子女风尘仆仆地回到阔别 9 年的祖国，经香港、广州，最终抵达北京。

1952 年 9 月，郭承基被安排到中央人民政府地质部化学分析实验室工作。在他的带领下，中国稀有元素地球化学和矿物学的研究逐渐兴起。

从回国后到 1966 年，这几年是郭承基科学成就的巅峰时期。当时我国稀有元素矿物的研究人才非常稀缺，郭承基刚回国，就接到铬铁矿矿物分析亚铁的测定任务。为了攻克这一难题，他带领技术人员，查阅大量文献，经过多次实验，发现了磷酸溶解铬铁矿测定亚铁的方法。其后这一方法被广泛应用于矿物分析及鉴定，成为矿物学和分析化学有机结合的成功典范。1954 年，郭承基的著作《稀有元素矿物及其化学分析法概论》出版，为中国稀有元素的研究指明了方向，从此中国稀有元素矿物和地球化学研究打开了科研的大门。1955 年，郭承基率先在山西、内蒙古找到了黑稀金矿、震旦矿、铌钽铀矿、绿柱石、金绿宝石、褐帘石、独居石等稀有、稀土元素矿物，使我国在这一领域的研究开始跻身于世界前沿。1957年，郭承基参与组建我国第一个稀有、稀土元素地球化学研究室。

郭承基将化学与地质学相结合，开拓了新的研究领域——稀有和稀土元素矿物化学和地球化学，成为中国第一位精通化学、矿物学和地质学的矿物、地球化学家。他开创了磷酸溶矿法、化学浓缩结合X射线荧光光谱法测定分析稀土元素，建立离子交换分离－薄试样X射线荧光光谱法测定分析岩石中稀土元素的新方法以及化学物相法等多种化学分析方法。他的研究成果

达到了世界先进水平，为稀有、稀土地球化学的发展提供了大量精确可靠的数据。

1960年，稀有元素地球化学研究室收到在广西富钟县、贺县考察的地质队寄来的一种存在于花岗岩中的奇特矿物，要求研究室化验成分。通过详细鉴定，研究室确认这是极为罕见的褐钇铌矿。郭承基和团队通过进一步的踏勘、取样、分析、化验，证实了褐钇铌矿的确存在于花岗岩中。郭承基和团队成员每天十几个小时埋头在实验室里，全身心投入花岗岩稀有元素地球化学、矿物化学的研究中，用几年的时间证实了花岗岩中富含锂、铍、铌、钽、铷、铯、锆、铪等稀土金属元素，并取得了一系列重大成就：发表了7部专著及数十篇学术论文，出版了80万字的代表性著作《稀有元素矿物化学》。直到今天，《稀有元素矿物化学》（修订本）还是广大地质工作者重要的参考图书。

1963年4月，中国地质部、冶金部和国家科学技术委员会将白云鄂博矿床物质成分研究列为重大项目，郭承基带领一群新中国自己培养的青年科研人员，来到内蒙古包头以北的白云鄂博矿区进行研究。在艰苦的环境条件下，郭承基和团队用两年的时间便基本解决了苏联专家遗留的问题，证实白云鄂博为超大型稀土、铌（钽）矿床。之后，郭承基发表了《白云鄂博矿区易解石富集带工作简报》《内蒙古白云鄂博矿区物质成分研究》《内蒙古白云鄂博矿床的物质成分地球化学及成矿规律的研究》等专著，为包钢的采矿、选矿及冶炼提供了科学依据，使包钢顺利进入规模生产阶段。

七

1966年春，中国科学院地球化学研究所（以下简称"地化所"）在贵阳成立，郭承基服从工作需要，举家迁往贵阳，任地化所稀有元素矿物化学地球化学研究室主任、研究员。

1977年，国务院副总理方毅组织中国科学院五局、中国科学院地质研究所和地化所召开白云鄂博矿床学术讨论会，指示对白云鄂博矿床再进行深入研究。郭承基受命率领30多人的野外科考小组进行考察，又一次在白云鄂博矿区及其外围进行广泛的研究工作。综合以往科研成果，郭承基编写了专著《白云鄂博矿床地球化学》和资料汇编《包头第二次"4·15"会议上的口头发言和报告》，他指出白云鄂博矿床是一个由不同类型矿床和矿段形成的组合群矿床。这项研究成果先后获得了多个奖项：1978年获全国科学大会奖，1986年获中国科学院科研成果一等奖、中国科学院科技进步特等奖，1989年获国家自然科学二等奖等。

1980年，郭承基当选为中国科学院学部委员。郭承基一生热爱科学事业，只要给他一间实验室让他搞研究，其他一切都显得微不足道。数十年如一日，他的生活既简朴又规律。为了更好地研究自然科学，他还自学了哲学，他将自然辩证法用于矿物学与地球化学的研究实践中，写下《地球化学演化过程中继承与发展的辩证关系》，深刻阐述自己多年来在科学研究中获得的认知与哲学思想的融合。

八

1979年12月，郭承基在成都参加学术研讨会时突发冠心病晕倒。中央及贵州省的领导对郭承基的身体情况非常重视，建议他到风景宜人的地方疗养，他婉言谢绝。出院后，他和老伴搬到贵州省植物园的山上，与自然为伴，每天早上6点起床，打太极、压腿、散步，然后开始查阅文献、整理资料，为撰写《稀土地球化学演化》做充分准备。

1985 年至 1996 年，郭承基完成了五部鸿篇巨制——《稀土地球化学演化》，全书共 570 万余字。

十年的呕心沥血，570 多万字的科研巨著，把郭承基的健康悄悄带走。1997 年 2 月，郭承基因病情加重住进了医院。此时他的心脏和肾脏已无法正常工作，虽然全身插满各种仪器导管不能动弹，但他的大脑却清晰如前。郭承基把他的博士生、课题负责人、助手召集到病床前，一一交代工作，一讲就是一个小时。他就像一台储存了无尽数据的电脑，源源不断、毫无差错地把信息传递给学生和助手。一个月后，郭承基因心力衰竭而停止呼吸，享年 80 岁。临终时，他要求自己的后事一切从简，不吊唁，不召开追悼会。

回顾郭承基先生的一生，他胸怀一颗报国之心，为中国稀有稀土矿物学与地球化学领域开辟了一条全新的道路。在这条艰辛之路上他披荆斩棘、屡建奇功，为我国稀有稀土元素的开发利用奠定了坚实的基础。郭承基忠于科学事业、敢于创新、严谨治学的精神将与世长存，深深影响一代又一代的人。

读者随笔

凤兮凤兮归故乡

——中国工程院院士何凤生的故事

武明丽

何凤生（1932.6.26—2004.11.16），女，贵州贵定人，中国工程院首届院士，职业神经病学开创者，杰出的劳动卫生与职业医学专家，曾荣获西比昂·卡古里国际奖、国家科学技术进步奖二等奖及卫生部科学技术进步奖一等奖等多个奖项，为保障工人、农民的职业健康做出了突出贡献。

缘起贵州

何凤生的父亲何兆清是今贵州省黔南布依族苗族自治州贵定县人，留学法国并取得里昂大学哲学硕士学位后，何兆清回国在南京一所大学任哲学系教授，与独立、自信、活泼、美丽的广东女子梁兆纯相恋、结婚。梁兆纯也从事教育工作，二人婚后育有四个子女，何凤生排行老二，天资聪颖，父母好学、专注、惜时、俭朴、能吃苦、勤奋、独立思考等优秀品质深深地影响着她。

何凤生5岁那年，抗日战争全面爆发，何兆清准备举家随南京国立中央大学西迁重庆。这时，梁兆纯接到贵阳女子师范学校聘书，迫于时局与家庭生活的压力，她决定赴任。而何兆清要去重庆，一时难以兼顾孩子，于是梁兆纯决定独自将孩子们全带去贵阳。就这样，何凤生第一次来到父亲的家乡——贵州。贵阳这座小城使年幼的她感觉新奇，抬眼皆山，有许多田畴与青瓦平房，道路狭窄，人在路上走着感觉不是上坡就是下坡。这里也有亭阁、城墙、小桥和流水，与南京倒有几分相似。1939年2月4日，日军对贵阳城区狂轰滥炸，身在重庆的何兆清心急如焚，打电话让妻儿赶紧去重庆，于是分隔了一年多的一家人又重新生活在一起。

到重庆后不久，日军在重庆沙坪坝松林坡校园内空投下数枚炸弹，随后两年中，轰炸越来越频繁，让百姓难得安生。某天，炸弹落到何凤生家附近，巨响之后，她只感觉耳朵里一阵单调尖锐的声音刺破虚空，家中门窗玻璃顷刻间碎裂。这是7岁的何凤生对轰炸最切身的一次感受。随后她又体会到丧亲之痛——弟弟何龙生染疾身亡，直到她11岁那年，妹妹何愉生降生，长久笼罩在全家人心中的阴霾才渐渐透出光亮。

何凤生读书成绩优异，五年级时跳级考上中央大学附属中学心理实验班。这个实验性质的初中班，被誉为"天才儿童班"，老师们水平高，对学生要求也极高。班上，何凤生年龄最小，个子最小，成绩却拔尖，读书对她来说是件轻松又有趣的事情。

抗战胜利后，何凤生随家人回到南京，此时她已是婷婷袅袅的 13 岁少女。高二那年，她轻松考上金陵女子大学外语系，母亲建议她学习能发挥创新力和主观能动性的学科，何凤生听取母亲建议，放弃了这次上大学的机会。16 岁的何凤生高中毕业，因成绩特别优秀，她被保送至南京中央大学并获得奖学金，在众多专业中她选择学习医学。何凤生在这所国内著名的医学殿堂内系统地学习高等医学基础理论知识，又经过严格的临床实习，这些为她后来从事医疗卫生工作奠定了基础。

大学毕业到北京工作后，何凤生与高中同班同学钱方毅确立了恋爱关系。钱方毅是我国著名心脑血管疾病专家，高中毕业后，他也考入了中央大学医学院，与何凤生再续同学缘。实习时，两人都被分配到内科专业，在同一个班，后又在同一个学习组。从 1946 年高中相识，到 1957 年步入婚姻殿堂，两人从相识、相知到相爱经历了 11 年。婚后夫妇俩相亲相爱，相互扶持着度过 47 年风雨人生。

步入职业卫生防治堂奥

何凤生大学毕业后被分配到北京和平医院，从事神经内科临床和该院员工的保健工作。那时，定位诊断神经系统疾病主要依靠神经解剖学与神经生理学知识，还要掌握神经系统检查法。何凤生努力向专家学习神经解剖学和神经生理学知识，由于和平医院病例少，她还经常到北京协和医院神经内科，参加著名教授的查房和病例讨论会。几年后，她掌握了重要神经通路的复杂解剖学结构及生理功能知识，以及神经系统定位诊断基本功。由于她的神经病学学术水平提升很快，神经病学和神经病理学专家许英魁教授有意将她调到北京协和医院神经内科工作，这是众多青年医师梦寐以求的机会。然而，何凤生却在这时接到上级调令，让她到中国医学科学院卫生研究所，协助吴执中教授进行职业病的防治工作。这一年她29岁。

吴执中教授是我国著名内科专家、中国职业医学奠基人。很多职业病是由于神经系统受工作环境有害因素损伤导致的，需用神经科学的技术手段解决。为此，他急需何凤生这样具备神经病学专长的优秀年轻医师协助工作。

1961 年，因一起严重的误食农药中毒事件，何凤生随吴教授赶往事故地调查中毒原因。对患者进行检查后发现他们脑、脊髓和周围神经系统受损，由此她明白了神经病学在职业病防治中的重要作用。之后在工作中，何凤生学习到许多职业病知识，接触了大量劳动者，认识到职业医学是保障生产第一线劳动者健康的重要学科，职业病防治工作是一项崇高的事业。

何凤生主要运用神经病学知识研究解决职业环境中有害因素损伤神经系统造成的疾病。而要深入研究职业病神经系统损害，须具备神经病理基础。于是她每周去协和医院听许英魁教授的神经病理学讲座，并到该院病理科读片，向病理科专业人员请教。她还到解放军总医院著名神经病理学家黄克维教授的实验室进修神经病理学，掌握了神经病理学的基本技术和常见的神经病理学诊断。

付出努力　收获硕果

20 世纪 70 年代初期，北京某化工厂一批工人出现手脚麻木和四肢无力的症状，经检查发现他们患有多发性神经病。通过检测与动物实验，何凤生团队得出导致工人们出现如上症状的罪魁祸首是车间里的氯丙烯的结论。这种物质大量挥发能引起人的周围神经病症，严重者还会瘫痪。

1979年，何凤生抓住了到英国伦敦大学神经病学研究所进修的机会，她决心要好好利用那里优越的实验条件，系统研究氯丙烯中毒神经病。进修期间，何凤生不分昼夜，通过大量实验，终于证实了氯丙烯中毒性神经病属于中枢－周围性远端轴突病。1980年新年假期，何凤生谢绝了朋友聚会邀约，一头扎进实验室对资料进行整理、总结、分析，之后写出论文《氯丙烯中毒小鼠的神经病理学研究》，发表在著名的神经病理学刊物上。两年进修结束，何凤生带着丰硕的科研成果回国，与课题组继续开展研究，进一步证实了氯丙烯的周围神经毒性。团队与协作单位合作编制《职业性慢性氯丙烯中毒诊断标准与处理原则》，提出车间空气中氯丙烯最高允许浓度的建议值，卫生部分别批准为"国家诊断标准"和"国家劳动卫生标准"，这对国内防治和控制职业性慢性氯丙烯中毒起到了积极作用。1984年，何凤生带领的课题组凭借"慢性氯丙烯中毒流行病学、临床、毒理及神经病理研究"

荣获西比昂·卡古里国际奖。该奖由意大利劳动医学基金会设立，旨在奖励在劳动医学方面有独创性科研成果的学者。国际评审委员会由各国专家组成，他们谁也没想到，如此高水平的研究成果竟出自中国。这项独创性科研成果还获得了国家科学技术进步奖二等奖，同时也作为经典学术成果被载入了美国神经病学教科书。

此后，何凤生带领研究团队在职业病防治领域又做出许多重大且具创新性的研究成果，这些成果获得了国内和国际专业人士的认可。由于她为我国职业医学发展做出了重要贡献，1994年，62岁的何凤生入选首届工程院院士。

投入工作　把握人生

劳动卫生与职业病防治一线工作中的实验取证很重要，辛苦是必然的。"科研工作要克服困难，创造条件；要踏踏实实，持之以恒；要有严格的治学态度和创新精神。"何凤生这么对学生说，她自己也是这么做的。

39岁那年，何凤生因为工作再次来到贵州，在汞

矿区蹲点防治矿工汞中毒。从那年开始，连续三年，她每年都要来贵州汞矿区出差一两次，每次至少两个月。为了采集工人尿样，她经常下到几十米深的矿坑，再背着尿液瓶爬上来，累得腿软气喘。在她生命的最后时刻，她还承担起繁重的调查任务。70岁那年，何凤生与学生去一个贫困地区做农药中毒现场调查，村里的路不好，又下着雨，车子开不进村子，她便和学生步行去调查，回到车里时，年轻人都觉得很累了，但何凤生还要忙着复核调查表。

为了检验学生是否掌握了神经刺激的位置和方法，何凤生让学生在她身上测试。在电流的超强刺激下，肌束不停颤动，她一声不吭，结束后还继续指导学生做下一个神经的测试。

何凤生要求学生每个实验都要重复进行，各组实验数据都须认真复查。她审查论文十分认真，发现问题就标注出来，要求学生修改至符合要求，对弄虚作假的行为，她绝不容忍。

何凤生惜时如金，睡实验室或办公室是常事。列车上、候车室、候机大厅都是她的办公场所。出差坐车她通常选择夕发朝至的班次，这样抵达目的地就能立刻投入工作。即使后来重病住院，她依然在身体允许时指导学生论文，甚至在去世前的四个月，她还出席学生的博士研究生论文答辩会。

何凤生始终将命运牢牢掌握在自己手里。查出患胰腺癌后，她冷静地处理手头工作完成交接事宜，积极配合治疗，并继续进行一些力所能及的工作。她跟她的学生们说："我的时间没有多少了，职业卫生的将来就看你们年轻人了。"她对家人说："我昏迷后不用抢救。"

2004年11月16日，何凤生院士在昏迷中安然离世。她生前精心筹划的重要学术会议于次月召开，该会议为何凤生的职业病防治生涯画上了一个圆满的句号。

斯人已去 师恩难忘

何凤生院士逝世几年后的一天傍晚，中国疾病预防控制中心职业卫生所中，她的学生郑玉新还在办公室工作，一位日本老人由人搀扶着进来找他。老人说自己是日本某大学的退休教授，他在英国留学时，何凤生教授在神经病学术上曾对他进行过指导，很是受益。得知何老师去世的消息，他特意找来这里，想去她的办公室拜谒一下。郑玉新说，他见过各种各样来感谢何老师的人。

每逢清明节，何凤生院士的学生们都要到北京八宝山革命公墓缅怀恩师。

读者随笔

傅家谟小传

——中国科学院院士傅家谟的故事

刘燕成

傅家谟（1933.5.23—2015.6.11），男，湖南沅江人，中国有机地球化学学科奠基人，有机地球化学家与环境地球化学家。1956年毕业于北京地质学院。1961年中国科学院地质研究所研究生毕业。1966年任中国科学院地球化学研究所（贵阳）有机地球化学研究室主任。1991年当选为中国科学院学部委员。

立志求学

1933年5月23日，傅家谟出生于上海。这一年正是"世界经济大危机"（1929—1933年）最萧条最严重的一年。傅家谟的父亲是湖南人，作为漂泊在上海的外乡人，他凭借自己造诣较深的外语技能，常在不同的单位之间奔波劳碌，以维持全家生活。由于父亲工作的不断变动，傅家谟从小学起便不断转学，还寄宿在学校，过着寄宿制的校园集体生活。

傅家谟上初中时，国家仍处在内忧外患之中，社会经济极度萧条，傅家谟的父亲工作一直不稳定，家庭经济条件日益恶化，年幼懂事的傅家谟看在眼里，记在心上，他决定放弃城区的全日制学校，选择在上海偏僻郊区的顾村初级中学读书。傅家谟一边读书，一边勤工俭学，努力帮助家里减轻负担。傅家谟当时在学校成绩突出，但因为家境贫困，他白天要干完好几份勤工俭学的工作，待到晚上上课才能急急忙忙地赶回教室学习。即便如此，傅家谟还是提前完成课业预习，一边努力工作挣钱养活自己，一边刻苦学习以图知识改变命运。

1949 年 5 月 27 日，上海解放，市民们兴高采烈，敲锣打鼓，欢庆那来之不易的新生活。这一年，傅家谟已经步入了高中二年级。然而，由于父亲突然患胃病并动了两次大手术，家里的经济情况更为拮据，傅家谟不得不再次放弃去城区学习的机会。在当时，胃病开刀是一项大手术，危险性很大。傅家谟深知父亲是家中的顶梁柱，为了减轻家里的负担，傅家谟毅然转考进当时上海的一所附属在沪西中学内的夜中。傅家谟一边勤工俭学，一边努力融入社会，早日学会生活上的真本事，以图给那个风雨飘摇的家减轻一点负担。

在夜校中，傅家谟结识了一批家境贫寒的同学，他们白天做纺织工、蹬三轮车、擦皮鞋、菜市场卖菜、打杂等活计来养活自己，晚上读夜校。艰苦的生活没有压倒这群刻苦努力的夜校生，反而让他们更加努力地追求进步、学习知识。因为懂得这样的求学机会来之不易，傅家谟对自己的学业特别上心，他珍惜每一个夜晚的课堂学习时光，珍惜与老师接触的学习机会，课堂上认真听课和做笔记。到了白天，只要一有空闲，傅家谟就翻开笔记本温习，每次课前他都会提前预习好课本中的内容。甚至，他已经不满足于课堂上学习的知识，经常自学课外知识。傅家谟喜好文学，每一次组织文学学习活动，他都特别积极认真，他一边读名著，一边用笔记本认认真真写下自己的读后感。身处逆境的傅家谟，比常人更懂得学习的重要性。因此，他比别人更加刻苦，更加勤奋，付出的努力比别人多，收获当然也比别人大。历经夜校的磨砺，他最终以优异的成绩如愿以偿考上了理想的大学——北京地质学院。

立志求学，当天之骄子的梦想化作一纸薄薄的录取通知书捧在自己的手心时，傅家谟如释重负。想着自己为了求学的种种不易，傅家谟不禁潸然泪下。

"北漂"梦圆

1952年10月，傅家谟以第一志愿考入北京地质学院"大系"——地质矿产系，成为当时这所新建地质学院的首届本科生，正式开启了他的"北漂"生涯。当时，国家建设急需矿产资源的支持，地质事业不仅迎来了新的发展机遇，也被赋予了独特的政治意义。傅家谟原本对文科兴趣很浓，但他怀着立志报国、开发矿业的"北漂"梦，毅然放弃了个人爱好，响应国家号召，选择了地质专业。

北京地质学院，是那一时期为了适应大规模社会主义建设的需要，通过全国范围内进行院系调整而组建的一所新型大学，被誉为地质界的"黄埔"。傅家谟为北京地质学院第一届学生，该届学生被誉为"地质黄埔一期"。1952年11月1日，北京地质学院在北京端王府夹道举行了首届开学典礼，我国著名地质学家、地质部时任部长李四光在开学典礼上做了讲话。他面朝场下整齐的新生队伍激昂澎湃地谈道："新中国办起了惊天动地的事业，北京航空学院是惊天，北京地质学院是动地，你们就是动地的勇士，你们是新的土地公公、土地婆婆……"

　　贫苦之家出生的傅家谟，深知在北京求学的机遇难得，作为新中国成立之初的大学生，他们历经生活的无数磨难，也历经了层层严格的筛选，一步一个脚印地走到了首都，成为万众瞩目的天之骄子。这一切，包括傅家谟在内的"地质黄埔一期"的学生们深深铭记在心里。傅家谟的四年大学校园生活，是充实的，也是难忘的，更是愉快的。新成立的北京地质学院师资力量雄厚，校风清正，学风向上，学生与老师朝夕相处，共同研讨，他们以"地质黄埔一期"的无限荣光，鼓励自己不断前行。学生们不分日夜，劳筋骨，苦心志，勤奋攻读，广采博学，迅速成长。特别是良好的校风，浓厚的学习气氛，老师们严谨治学、呕心沥血、开拓创新的奉献精神，对"地质黄埔一期"的学生们产生了潜移默化的影响，引导他们从此踏进了地质学的科学殿堂。傅家谟在大学四年的时光里，不仅培养了勤学好问、积极向上的优秀学风，更是铸就了不怕苦、不怕累、勤俭节约、刻苦钻研、开拓进取的人生准则。傅家谟在大学校园的学习生活中获得了广博的知识、打下了扎实的专业基础，为他日后从事更深的科学研究奠定了坚实的道路。

1956 年，傅家谟从北京地质学院毕业后，进入地质系统开始从事地质工作。1957 年，傅家谟又考入中国科学院地质研究所攻读硕士学位，师从我国早期的地质学家、沉积地质学家、沉积矿床学家叶连俊。叶连俊待学生言传身教、用心提携、循循善诱、诲人不倦，他常常教导学生既要踏踏实实地学习工作，更要善于抓住科学上的关键问题，锲而不舍、勤于思考、努力钻研、开拓创新。在讨论傅家谟的学位论文时，叶连俊讲了门捷列夫的故事，以此提醒傅家谟，切记论文研究要在讲科学的基础上勇于创新，勇于开拓，勇于攀登科学高峰。傅家谟严格按照叶连俊院士的指导开展论文撰写事宜，如期顺利完成了学业，成为"地质黄埔一期"中为数不多的硕士研究生之一，圆了其"北漂"的梦想。

人间大爱

傅家谟院士对妻子陈德玉关心体贴，对子女倍加呵护。陈德玉研究员是傅家谟在北京地质学院学习时的同学，共同的理想与追求将他们结合在一起。陈德玉年轻时身体不好，常常小病缠身，傅家谟总是悉心照顾。工作之余，除了照顾爱妻，还要照管孩子，傅家谟院士以坚强的双肩和责任感扛起了全家人的生活重担。妻子退休后，尽管工作很忙，他仍常抽出时间陪妻子到公园散步，或是到影院看看电影，到街市逛逛。

年轻时的傅家谟，无论工作再忙，也要抽出时间辅导孩子学习功课，在孩子们心目中，他是慈祥称职的父亲。傅家谟的儿子傅忠和在美国生活的女儿陈小京是他的骄傲。工作再忙，他也会记挂着孩子，常常在生活上帮助他们。傅家谟的女儿至今一直生活在美国，她也有两个漂亮可爱的孩子，傅家谟每次去美国出差，总要抽空去看望他们。每一次短暂而又温暖的相聚，傅家谟都会拍下合影带回家。在工作之余，他一个人静静地望着照片，明明才回国不久，可是，他又想念女儿，想念那可爱的小孙子了。

傅家谟院士在科研道路上不断攀登，他始终尊重知识、珍惜人才、鼓励创新，注重培养优秀青年人才。他曾经领导的有机地球化学国家重点实验室发展至今，始终注意在力所能及的范围内创造条件吸引、发现、培养和支持优秀人才进入国家重点实验室工作。傅家谟院士精心培养了150余名硕士研究生和博士研究生，学生遍布全国及美国、加拿大、澳大利亚等国。他们大多数已成为大学和研究机构的学科带头人，或在政府管理部门担任要职，成为国家的栋梁之材。在以傅家谟为首的研究团队——广东省环境资源利用与保护重点实验室的 22 名固定成员中，具博士学位及有博士后经历的 10 余人，具硕士学位的 20 余人，其中院士 1 名，博士生导师 5 名，平均年龄 39 岁。

硕果累累

傅家谟一生的足迹遍及世界五大洲的二十多个国家，他先后到阿尔巴尼亚、英国、挪威、美国、法国、德国、荷兰、意大利、日本、澳大利亚等国家参加合作研究、国际会议与讲学。傅家谟本人更是一生都在奋勇拼搏、潜心研究、开拓创新，其研究成果硕果累累，在中外刊物上共发表论文630余篇，主编和合作主编专著12本，SCI论文409篇，被40余种国际SCI刊物正面引用5000余次，最高单篇被引用200余次。傅家谟于1984年获我国首批"中青年有突出贡献专家"荣誉称号，1989年获"全国先进工作者"荣誉称号，1990年获得国家重点实验室先进工作者"金牛奖"。1991年，58岁的傅家谟被选为中国科学院学部委员，此后还荣获何梁何利基金科学与技术进步奖、李四光地质科学院奖荣誉奖、消除持久性有机污染物杰出贡献奖等殊荣。

傅家谟勤奋好学、崇尚科学、严于律己、率先垂范，他真诚待人、襟怀坦白，用自己的实际行动尽心塑造了一个开拓创新、胸怀大爱的优秀科学家形象，为世人留下了许多可歌可泣的动人故事。

读者随笔

心怀"国之大者"
打造"国之大材"

——中国工程院院士沈德忠的故事

杨志奇

沈德忠（1940.6.13—2014.4.5），男，贵州贵阳人。1995年当选为中国工程院院士，我国著名人工晶体专家，中材人工晶体研究院首席专家，清华大学教授、博士生导师，长期从事无机非金属功能晶体材料的探索、生长及应用研究。研究成果于1988年获国家科学技术进步奖一等奖，2002年获国家科学技术进步奖二等奖及科学技术部代颁的美国杜邦科技创新奖。

艰苦贫穷的青少年时代

1940年6月，沈德忠出生在贵阳的一个工人家庭，他童年的生活是在贫困中度过的。当时，一家七口全靠父亲当筑路工人微薄的工资养活。小学三年级时，沈德忠因为实在缴不起每学期八斗米的学费而辍学在家。1949年新中国成立后，政府免除学费，才使他在1950年春继续上学。但当时沈德忠的家境仍很困难，别人家孩子能够享受的乐趣，对他而言是奢望。父母没有钱给他买玩具，他就自己动手学着做。他用木板制作的玩具孙悟空，活灵活现：用条棉线，穿过玩具孙悟空的手部，两端绑在一张小竹弓上，手一捏，孙悟空就翻起了筋斗。也许从那时起，创造和创新的意识就在他童稚的心灵中萌芽。沈德忠学习很刻苦，考试成绩大部分是 5 分（当时学校实行的是 5 分制）。初中毕业时，由于成绩优秀，他被保送到当时的重点学校——贵阳一中念高中。

沈德忠在美术上很有天赋和造诣，他读初中时一直担任班上的美术课代表，平时总爱在黑板上、书本上画点什么，那时班里的墙报都是由他来画刊头和插图。值得一提的是，沈德忠在小学时就因出色的绘画水平而获得奖励。一天晚上，他凑着街灯在马路上用粉笔画拿大刀的关云长。恰值这个街道的街道办事处主任路过，被他的画吸引住了，饶有兴致地站在一旁看了很久，而后问了沈德忠的姓名、家庭住址和学校等信息。不久，沈德忠的班主任告诉他，那个街道办事处为参加市政府举办的声援"抗美援朝"的游行活动，要临摹漫画杂志上揭露美军丑行的 40 幅漫画，叫他去帮忙。沈德忠欣然允诺，认认真真地画了一个多星期。40 幅漫画被沈德忠临摹得惟妙惟肖，办事处十分满意，奖励给他 30 斤大米和一双皮鞋，这在当时是十分丰厚的奖品。

终生感恩自己的故乡贵阳

2008 年 2 月，沈德忠在北京写下了一篇充满深情的回忆文章《啊，贵阳，我们的家乡！》，文章真挚地表达了沈德忠对生他、养他的老城贵阳的无限思念；生动地诠释了他对母校贵阳一中的老师和同学们的深切怀念。他在文中这样写道："我记得一位教我们数学的老师，年纪较大，教学经验很丰富，教学效果很好，一直受同学们的喜爱。他个子不高，后脑勺长得比较突出，同学们都赞扬说，老师有这么一颗赤金脑袋，所以才会这么能干！在贵阳一中三年的高中学习时光很快就过去了，同学们绝大多数都考上了大学。大学毕业后，我们各自奔向自己的工作岗位，很多同学都离开了贵阳。但我们忘不了贵阳，忘不了贵阳一中，忘不了为了教育我们成长而做出无私奉献的老师们。"

对劳动工人深怀敬佩之情

1964 年 7 月，沈德忠从四川大学毕业后，被分配到建材部非金属矿研究所（中材人工晶体研究院的前身）工作。1965年底，沈德忠被派到山东南墅石墨矿机修车间钳工班劳动锻炼，到车间后，他很快就投入到了那热火朝天的工作中。时间飞逝，转眼已近春天。有一天上班，沈德忠看到厂房旁边的桃花开了，远处一片淡黄的迎春花也悄然盛开，这令他意识到北方的春天已经到来。据他回忆说："当我正在欣赏春色美景时，一群下夜班的选矿工人正好走出车间，他们的脸上沾满了石墨，一张张黑黝黝的笑脸在晨光下闪光，在红色的桃花和黄色的迎春花的映衬下显得格外漂亮，这令我激动不已。本来以为北方的春天会比南方来得晚，可眼前的景色让我觉得，石墨工人忘我的劳动热情已经把南墅的春天迎来了。"于是便写下了《迎春花》这首小诗。

迎春花

北国南来是他乡，冰天雪地炼好钢。

才罢新屋添新意，不觉严冬卸严装。

簇簇红云追暖树，片片黄花撵春光。

谁说南墅春来晚？石墨闪处看群芳！

《迎春花》既是沈德忠心灵被触动的自然吐露，更是他对劳动者诚挚真切的情意。正是缘于此，在车间的劳动锻炼中，沈德忠真诚拜劳动者为师，学到了一手在课本中学不到的精湛的钳工技术，因为他觉得搞科研总是要动手的，而当钳工正好锻炼了这种动手能力，这也为他后来的科研工作带来不少好处。即使到了古稀之年，沈德忠仍然奋战在科研一线，保持着劳动者的本色。

迎难而上，抢占人工晶体研究制高点

1960年，美国和苏联科学家在掺Cr的$A1_2O_3$（红宝石）晶体上实现了激光输出，这标志着全球光电子时代的来临。此后，与激光有关的人工晶体作为微电子、光学、激光、遥感、通信、航天、宇航等高科技领域和现代军事技术所不可替代的关键材料越发受到世界各国科学家的重视。各发达国家一致认为，在众多高科技材料中人工晶体具有极为重要的地位，于是纷纷投巨资进行研究，抢占人工晶体的制高点。

葆赤子之心，铸大国之材。此时，刚刚走出大学校门的沈德忠毅然选择了人工晶体作为自己奋斗的方向。要探索一种新的晶体，按美国研究晶体生长同仁的经验，至少需要"ten million and ten years"，即需要千万美元和十年的时间！而当时沈德忠所在的研究单位给他的研究经费只有几万元，连一台像样的晶体生长炉都买不起，于是沈德忠就自己动手，画出所需设备的草图，让单位里的机修车间加工成炉子，再请设备组装上加热控制系统，生长 KN 晶体的装置就这样制造出来了。设备虽然简陋，但沈德忠操作起来也得心应手。后来因受到国家高技术研究发展计划的资助，沈德忠研究晶体的工作条件才有所改善。

聚焦晶体铸脊梁。经过几年夜以继日、上千次的研究实验，沈德忠和他的助手们终于解决了 KN 晶体生长的一系列关键性难题，成功打造出属于中国的、傲立于世界科技前沿的非线性光学晶体。

1987 年，沈德忠的 KN 晶体研究项目通过了部级鉴定，鉴定结论是处于国际领先水平；1988 年 7 月，该研究成果获国家科学技术进步奖一等奖，沈德忠在该奖项中排名第一。

自主创新，打破美国对我国的垄断和禁运

　　1982 年 6 月，天津大学姚建铨教授在美国做了两年的访问学者后回到北京，他找到沈德忠，向他介绍美国使用的一种名为 KTP 的非线性光学晶体。这种晶体倍频转换效率比铌酸锂高得多，性能非常好，但价格也相当昂贵，一块 3 mm×3 mm×5 mm 的 KTP 倍频器售价 2750 美元，并且对中国还实行禁运。姚教授把在美国期间的积蓄全凑上，想买一块带回国来，但被美国拒绝。有一天，姚教授的导师在做实验时不小心

把一块 KTP 倍频器摔碎了。姚教授一看机会来了，便向他导师说："你瞧，这块 KTP 已经摔碎了，给我一块碎片拿回去做做实验吧。"他的导师回答道："不行。KTP 是美国军方资

助的项目，对共产党国家禁运。碎片也不许带出实验室！"因此姚教授迫切希望沈德忠能进行KTP晶体的生长研究。

沈德忠和同事们被姚教授的爱国热忱所感动，同时也对美国的禁运政策十分愤慨！于是，他们创造性地设计一种特殊的、能够控制熔体液面自发结晶的顶部籽晶熔剂法。在研究组同志们的共同努力下，不到半年时间，就生长出了尺寸达25 mm×15 mm×10 mm的高光学质量的KTP晶体。

沈德忠研究的这种KTP晶体"Z"向截面比较大，有利于波导的制备和应用电光。1987年，杜邦公司KTP专利的持有人J. D. Bierlein在开发KTP的波导应用时苦于水热法生长的KTP晶体尺寸太小，特别是不能得到大"Z"截面的KTP晶体。于是他在全世界范围内寻找合适的供应商，挑来挑去，最后选中了沈德忠团队，并签订了购货合同。中材人工晶体研究所每年向杜邦公司提供十万美元的"Z"切KTP晶体。当然，在合同敲定之前，沈德忠打报告请示了国家科学技术委员会（以下简称"国家科委"），美国此前对我国实行KTP晶体禁运，现在他们反过来要购买我们的KTP晶体，我们能不能卖给美国？国家科委经过仔细研究后做了答复：同意出售。

这笔生意一直做到 1996 年 J. D. Bierlein 逝世为止。

沈德忠有关 KTP 晶体的研究成果于 1987 年获部级科学技术进步一等奖，2001 年获国防科学技术进步一等奖，2002 年获国家科学技术进步二等奖。值得一提的是，尽管 KTP 晶体最早由美国杜邦公司用水热法生长出来的，但杜邦公司还是将 2001 年的杜邦科技创新奖颁发给了以沈德忠为首的科研团队（由国家科学技术部代为颁奖），以表彰他们用熔剂法生长 KTP 晶体研究中所做的杰出贡献。

不忘初心，永葆艰苦奋斗之精神

1990 年 6 月 19 日，时任国务委员、国家科委主任宋健来看望沈德忠，并调研"发展我国高新技术产业，更好地服务于国民经济和国防建设"工作。宋健来到沈德忠不足 20 平方米的办公室后惊呆了，办公室里只有一张办公桌，一把木椅，一部老旧的电话机和一张满是补丁的老旧沙发。其实，对于沈德忠来说，工作环境与办公条件几乎不在他的视野和考虑范围之内。他出身于寒门，家庭与早年学校的教育，以及传统文化中那些积极向上的观念支撑着他一路行来，意志坚如铁。他牢记父母的训诫："要能够吃得大苦！再难也要把事做好。""一粥一饭，当思来之不易；半丝半缕，恒念物力维艰。"在比较艰苦的环境条件下，领导多次提出为他改善办公条件，为他配备专车，但都被他婉言谢绝。他将心思更多地放在如何以有限的资源搞好科研，创出一流的科技成果上。宋健对他这种艰苦奋斗的精神给予了高度评价，并题词"发展高技术产业，勇于在前沿拼搏"。

沈德忠以一种高洁的品格和人格魅力，赢得了人们对他发自内心的尊敬和爱戴，这也正是他能取得丰硕的科研成果的重要原因之一。

沈德忠作为一名与晶体打了一辈子交道的老科学家，他深知"只有好晶种才能长出好晶体"的道理。他常说："要想让中国品牌的人工晶体继续保持在世界领先地位，最紧迫工作之一就是要加大对人工晶体的宣传力度，让更多的青少年热爱和投身于人工晶体事业。"为此，沈德忠经常抽出时间来参加人工晶体知识的科普工作，如作"多彩的人工晶体"学术报告，参加央视中国科技百集巡礼系列节目——《中国品牌的人工晶体》等。

2014年4月5日，我国人工晶体界的一代宗师沈德忠因病在北京逝世，享年 73 岁。沈德忠院士把毕生的精力献给了我国的人工晶体事业，贵州人民永远怀念他。

读者随笔

★

黄土情缘　地质人生

——中国科学院院士安芷生的故事

陈丹阳

安芷生（1941.2.25——　），男，安徽六安人。环境地质学家，第四纪地质学家。1962年毕业于南京大学地质系。1966年中国科学院地质研究所、地球化学研究所研究生毕业。1991年当选为中国科学院学部委员。2000年当选为第三世界科学院院士。2016年当选为美国科学院外籍院士。

一封家书

安芷生院士的书橱里一直珍藏着一封家书，那是他60岁生日时，89岁高龄的老母亲写给他的——

芷儿：

欣逢你六十华诞之际，我怀着十分愉快的心情向你祝贺，此时此刻，我有一种稍稍带有少许骄傲的情结，早已把六十年前那个寒夜的痛苦抛到九霄云外去了。

值得欣慰的是，妈妈有了你这个本分而聪颖的孩子，安氏大家庭出了你这个品学兼优的世界级学者，国家出了你这个对人类、对科学做了很大贡献的杰出人物。

母字

安芷生捧着信，仿佛还能从那薄薄的纸页上感受到母亲的体温。母亲的谆谆教诲在他的心中还是那么地温暖而绵长，每每展读它，那些少年时代的记忆便随之涌来。

求知年代

1941 年 2 月，安芷生出生在湖南芷江，和那个时代的许多人一样，少年时代的安芷生饱尝了动荡离乱之苦。幸运的是，安芷生的父母都是优秀的知识分子，即使在那样艰苦的岁月里，父母也没放弃对孩子的教育。安芷生的父亲曾在大学教书，母亲是中学数学教师，在父母的影响教育下，安芷生从小就养成了勤读书、爱思考的习惯。安芷生的父亲中文根底好，常教育孩子们说："中文表达强调逻辑性，学好中文很重要，中文不好，什么都干不好。"母亲虽是教师，但从不辅导自己的孩子功课，而是注重孩子自身学习习惯的养成，放手让孩子自己去下功夫，她常常教育孩子们说："学习得靠你们自己去钻研，脑子越用越活。"在这样的家庭氛围中，安芷生从小就养成了自我钻研的习惯，他喜欢看各种各样的书籍，求知欲很强，阅读面很广。11 岁那年，安芷生以数学 100 分的成绩考入当时门槛很高的南京师范大学附属中学，这是一所寄宿学校，班上同学大多是知识分子子弟和高级军干子弟。学校里浓厚的学习氛围、优秀的师资力量和清静幽雅的校园环境让安芷生感到振奋，聪明好学的安芷生如鱼得水，在学校里得到了很好的熏陶。有一次，南京大学戴安邦教授到附属中学给学生做演讲，他说："人是否聪明，关键在于注意力是否集中。"一句简单的话，在年少的安芷生心里扎了根。从此，安芷生总是提醒自己，不能凭小聪明做事，凡事须用心、用心再用心，才能有所建树。父母的影响和老师的教诲，给青少年时期的安芷生种下了优良的种子，赋予他践行一生的品质。

几年后，安芷生从南京师范大学附属中学毕业，并在大学的入学考试中取得了优异的成绩，正当他做好升学准备，希望到理想的大学追寻美好梦想时，命运给了他当头一棒。因为家庭出身，他上不了大学！那时候安芷生才知道，大学的门对他是紧紧关闭的，有优秀的成绩也无济于事。年轻的安芷生陷入了一片茫然，不知道前面的路该怎么走。面对前途受限的现实，安芷生的母亲没有叹息，她默默地从衣兜里摸出一点钱，塞进安芷生二哥的手里，轻声吩咐二哥带安芷生到南京中山东路的北京羊肉馆吃一顿饺子。安芷生知道家里经济非常困难，这样的"开荤"只有逢年过节才会有。在二哥的注视下，安芷生把饺子一个个地咽下，同时也读懂了母亲的苦心，母亲是让他别为这一次的挫折而灰心丧气，前途并不是一片黑暗，只要自己努力，生活道路还是很宽的。安芷生在心里告诫自己："重振精神，寻找前行的路。"

那一年，安芷生 17 岁。

安芷生不愿在家里吃闲饭，他想做个自食其力的劳动者，于是，他在南京汽车装配厂的木工车间找了个扫刨花的活路。一天一元钱的工资，安芷生踏踏实实地扫了三个月。第一次领到工资时，安芷生捏着手里的钱，心里格外踏实。第一次挣到钱，他首先想到的是怎样给家里人一点惊喜。下了班，他径直走向了百货商店，一边走一边琢磨着，怎样把这不多的钱变成家里人人都有份的礼物呢？"买雨鞋吧！"安芷生想到这个最实用的礼物，当他抱着全家每个人一双的雨鞋回到那不足 8 平方米的家时，看着一家人欢欣惊喜的笑容，看着母亲眼底泛出的泪光，安芷生心里深刻感受到劳动、奉献带来的快慰和踏实。

命运之神终于看见了这个努力向上的年轻人。

1958 年，新建立的南京地质学院面向社会招生。地质是冷门专业，报的人不多，生源寥寥，安芷生终于有了读大学的机会。人们都说学地质苦，远离城市，没有前途，安芷生也有些犹豫，母亲却说："你不要瞧不起地质，我看干哪一行都一样，只要学好了，将来对社会有用就行。"在母亲的鼓励下，安芷生进入了南京地质学院。开学那天，时任南京地质学院院长兼党委书记的赵铎在开学典礼上说："我不看你们的家庭出身，在我们学校，学生都是平等的，希望你们好好学习，成为优秀学生。"这些话，使安芷生这些有着所谓"复杂社会关系"的新生们备感温暖。

1959 年，南京地质学院调整撤销并入南京大学地质系。在南京大学学习的平台更大，视野更宽了，很多知名教授亲临课堂，一丝不苟地传道授业，每堂课安芷生都觉得受益匪浅。安芷生印象最深的是徐克勤先生教授的矿床学。课堂上，见识广博、旁征博引的徐先生一会儿举美国的例子，一会儿又举非洲的例子，话题跳跃、新颖，这极大地丰富了学生的知识，开阔了学生的视野，增强了年轻人对事物的发散思维能力。优质的学习环境使安芷生对地质学的兴趣越来越浓，学习的劲头也越来越大。

1962 年，安芷生以优异的成绩完成了南京大学的学业，顺利毕业。地质学系根据安芷生的成绩和表现，突破"政治条件"的条条框框，推荐他报考中国科学院地质研究所刘东生先生的研究生。经过一番努力，安芷生在 5 名考生中脱颖而出，如愿以偿成为中国科学院地质研究所的一名学生。

从此，安芷生开启了为之倾情一生的地质事业。

燃情岁月

1966 年，中国科学院决定将北京地质所的内生矿床室、岩石室、矿物室、核地质室和第四纪地质室的一部分搬迁至贵阳，与中国科学院贵阳化学所合并建立中国科学院地球化学研究所（以下简称"地化所"）。

同年 2 月 1 日，地化所在西南边陲贵阳成立，首任所长为侯德封、副所长为涂光炽。以他们为代表的一批科技精英从北京奔赴贵阳，他们中有许多来自中国科技大学、北京大学、南京大学这样的著名学府，还有苏联留学归来的中青年学者。满怀着对事业的期待和为三线建设事业做出贡献的理想，他们意气风发，抱着宏图大志，遥想着在贵州这块土地上勾画出地球化学科学事业的蓝图。

安芷生成为这个队伍里的一员。

1966年底，地化所接到任务，解决西南铁路建设大会战中铁道部正在修建的成昆铁路施工中出现的问题。接到任务后，安芷生和同事们马上奔赴前线。

成昆铁路修建极其艰难，沿线三分之二崇山峻岭、深涧密布、地势陡峭，地质状况很复杂，铁路大多需要修建在隧道和桥梁之上。安芷生和同事们坐了火车转了货车，几经颠簸辗转到了施工现场，经过认真勘察，他们发现有十几个隧道出现水泥底板翻出、路基变形的情况，由于现场施工人员查不清原因，只得停止施工。安芷生采集了样品回到地化所进行薄片鉴定，鉴定结果表明，原来是地层里的钙芒硝在"作祟"：钙芒硝在施工时遇水溶化，低温蒸发后又重新结晶，大量毛发状的晶体生长把水泥底板顶起来，造成了破坏。根据这一情况，安芷生提出了避免施工用水的新方案，方案实施后情况迅速得到了解决。之后，安芷生根据调查情况，写了一篇详细的调查报告，在当时的《地球化学》杂志发表，得到了多方关注。安芷生利用自己的专业知识，解决了铁路隧道修建面临的难题，成都铁道部勘察设计院还来信表示感谢。安芷生在得到了铁道部的肯定后，更

坚定了他对地质研究的决心。安芷生提出的施工方案不仅成功解决了铁路隧道建设的问题，还为后续的铁路建设提供了宝贵的经验。

20世纪60年代，东北流行"克山病"。克山病是一种原因不明，以心肌坏死为主要病变的地方性心肌病，因首先在黑龙江省克山县发现，遂以发病地命名为"克山病"。周恩来总理指示要尽快查明病因，及时防治，安芷生受命奔赴黑龙江。

尽管克山病属于医学领域病因不明、防治无方的疾病，但从事地质研究的安芷生和他的同事们认为，既然是地方病，就一定和特定地区的地理环境有关。他们采水样，做化学分析，走家串户进行调查，为研究克山病发生的地球化学环境提供科学参考。

1967年，水利部提出黄河下游三角洲地带河道是否要改道的问题，要求地化所参与调查。一开始，安芷生和同事们认为河道改造属于水利专业的学问，不知道自己能做什么。安芷生和团队的成员一起到实地参与调查，他们沿着古河道的线路勘察河道的地质状况，对古河道的历史和现状进行了深入的调研。三个月后，他们形成了严谨的调查成果，给水利部交了一份考察翔实的报告，指出从历史和现状看，黄河下游没有必要人工改道，最终他们的结论被采纳。

安芷生在研究中国黄土－古土壤序列及其与深海沉积序列的对比、黄土堆积演化与环境变化的关系方面做出重要贡献，相关研究成果于 1991 年、2000 年获国家自然科学奖二等奖，2008 年获陈嘉庚地球科学奖，2015 年获中国科学院杰出科技成就奖。

安芷生的研究成果不仅为中国地质学的发展做出了重要贡献，也在国际地质学界产生了广泛的影响。1991 年安芷生当选为中国科学院学部委员，2000 年当选为第三世界科学院院士，2016 年当选为美国科学院外籍院士。

读者随笔
· ★ ·

不忘初心　方得始终

——中国科学院院士彭平安的故事

王鹤蕾

彭平安（1960.11.15——　），男，浙江天台人，有机地球化学家，中国科学院院士，长期从事有机地球化学、环境地球化学和生物地球化学的研究工作。

抉择高考

1960 年 11 月 15 日，彭平安出生于浙江省天台县白鹤镇的一个普通农民家庭，淳朴的父母言传身教间培养了他很多优秀的品质。彭平安是个特别自律好学的孩子，从小学到初中，成绩都是名列前茅，学习上没用父母操过心。

1976 年，年仅 16 岁的彭平安从天台县白鹤镇红旗中学毕业，由于历史原因，高考选拔制度已中断多年，普通家庭的孩子无缘通过推荐的方式进入大学继续深造，所幸高中学历的彭平安有了一份看守水库的工作。有了这份稳定的收入，一家人原本拮据的生活顿时有了很大改善，一时间他成了家里的顶梁柱。工作之余，彭平安仍然保持着持续学习的习惯，课本已经被他翻得卷起了毛边。

1977 年 10 月的一天，各大媒体公布恢复高考的消息，这对所有考生来说都是好消息，因为高考是一场公平、公正、公开的考试。彭平安激动得彻夜难眠，自己的大学梦终于有机会实现了，但他却不知如何跟家人开口，一旦考上了大学，一是没了固定收入，二是读大学的费用家里也很难负担。几经权衡，彭平安终于下定决心向父亲提出了要参加高考的想法。

彭平安的父亲当即就答应了，哪怕没有了看守水库的收入，全家砸锅卖铁也要供他读书。一个16岁的少年，没有被短暂的利益蒙蔽，始终相信读书可以改变命运，这是这个少年在重要的人生关口做出的明智抉择。

奋力读书

机会总是垂青于有准备的人，彭平安顺利被浙江大学地质系录取。报到的新生年龄相差悬殊，他是班级中最小的一个，有些同学已经是几个孩子的爸爸了。

彭平安特别珍惜得来不易的读书机会，生活中极尽节俭。刚刚入学时彭平安个子矮小，后来裤子越穿越短，从最初的长裤变成九分裤、七分裤，直到毕业时已经短到膝盖。

彭平安在学习上特别刻苦，凡事追求完美，他的细致周到在同学当中是出了名的。一次选修课考试，很多同学都不重视，觉得能及格就满足了，但彭平安竟然考了 90 多分，这令同学们大吃一惊。做实验时和他一个实验台的同学，使用一样的器材、一样的方法、一样的步骤，最后彭平安的实验精度却总是比同桌高。

彭平安的英语基础也是在浙江大学夯实的，后来他无论是到国外开展合作研究，还是参加国际的学术报告演讲，都能娴熟地运用英语。

地化所的"科学狂人"

地质系的杨有炜老师是著名的天体化学与地球化学家，也是欧阳自远当年的同班同学。杨有炜老师鼓励同学们到贵阳去，那里有着全国最顶尖的地球化学研究所，科研实力强，很多行业泰斗级人物如侯德封、涂光炽、刘东生、郭承基、欧阳自远、傅家谟等，都在那里工作。1982 年，1977 级和 1978 级的学生同时毕业，遵循恩师的学业规划，彭平安和几位同学来到了贵阳。

中国科学院地球化学研究所（以下简称"地化所"）当时位于贵阳市区观水路，周围环境雅静，一座座红砖灰瓦的普通小楼中住着当时的泰斗级专家。彭平安师从著名的有机地球化学家与沉积学家傅家谟做毕业实习。

　　彭平安做事喜欢做到极致完美，哪怕是一些在其他人看来无关紧要的细枝末节。傅家谟对彭平安是打

心眼里喜欢，很多工作都放心地交给彭平安，并在专业上给了他很多建议和指导。

实习结束后，彭平安就被分配到了地化所里。凡是安排给他的工作，无论强度多大，难度多高，他总是出色地完成，从来没有怨言。这和他一贯认真、追求完美的性格有关。很多人觉得导师的要求过于苛刻，但在彭平安看来却是理所当然的，他认为科学容不得一点马虎和失误，差之毫厘，谬以千里。进入地化所几年后，彭平安已经成为行业翘楚，很多前辈都知道地化所有一个学习能力强、人品好的青年彭平安，称他是个搞科研的好苗子。这个"科学狂人"，得到了所里领导和同事们的认可和肯定。

彭平安太拼了。

有一年，彭平安和同事们一起去塔里木参加一个新的石油项目，一路舟车劳顿，大家在火车上腿都肿了。到无人区采样，条件恶劣，加上营养匮乏，彭平安脸色蜡黄，浑身无力，他一路强忍，生怕给同样辛苦的同事们增添麻烦，回到贵阳后他就被诊断出患上急性甲肝。在医院苦闷的日子里，傅家谟老师经常开导鼓励彭平安，同事和同学们也去探望他，他的心情日渐好起来，经过半年多的精心治疗，彭平安才痊愈出院。出院后彭平安更加努力地工作，看到他的状态没有受到一点影响，反而比以前更勤奋，他认真对待工作的态度打动了傅家谟，于是傅家谟老师越来越器重彭平安。

专注科研

1986年，地化所决定在广州成立中国科学院广州地球化学研究所（以下简称"广州地化所"）。1989年，彭平安跟随傅家谟老师一行，从贵阳调到了广州，离开了工作、生活了七年的贵阳。当时在全民经商的浪潮下，从事科研工作不被看好，所里有几个优秀的人才也选择了出走，要么出国，要么改行，一时间，人才流失非常严重。

但彭平安无论在什么情况下，都没有产生过要放弃的念头，他心无旁骛，笃定了一辈子只专注于做科研。在这种近似苦行僧的坚持下，这个"科学狂人"，终于守得云开见日出。

随着我国综合实力的增强，国家越来越重视科研，科学家也受到了前所未有的重视。彭平安在广州地化所攻读博士学位期间，他系统地、有意识地培养自己运用科学家的思维方式去观察、实验、质疑、演绎推理、检验、求真证伪。他致力于在具体实验中得到大量的第一手基础数据，这个过程是抽象、枯燥、无趣的，可是彭平安却乐在其中。

勇攀高峰

1991年，有机地球化学国家重点实验室开始与英国布里斯托大学化学系开展合作研究，彭平安作为业务骨干，与老师一同前往。这三年的合作交流，为彭平安打开了国际视野，使他能在第一时间获得最前沿的行业资料，了解最尖端的科研信息。在这三年的合作交流中，彭平安充分表现出自己努力奋进的态度以及科学有效的思维方式和独立自主的开创精神，很快他就在与英国的合作交流中独当一面。

1995年到1996年，广州地化所与加拿大阿尔伯塔大学化学系开展合作研究，彭平安又被派往加拿大，家里大大小小的事全由妻子凌鸣承担，妻子成为家中的顶梁柱。对于这个家，彭平安自认是不尽责的。1997年，结束了在加拿大的合作研究后，彭平安的科研水平又有了明显的提升。回国后，彭平安担任了有机地球化学国家重点实验室主任，主持、参加50余项国家、部门、企业的研究项目，在傅家谟老师的指导下，他在有机地球化学三个重要领域（石油地球化学、环境有机地球化学、沉积生物地球化学）均有重要研究成果。

彭平安是个严于律己、宽以待人的好老师。他特别关心自己的学生，生活上也尽可能地照顾他们。他常说，给人一个机会，要比一次毁灭性的打击更有意义。但是在学术上，他对学生的要求就特别严格。

作为一个国家重点实验室的掌舵人，彭平安善于调动全员的积极性和整体协作性，从而完成了许多重大的科研项目。自广州地化所成立以来，已逐步建立起初具规模的技术支撑体系，由老一代的科学家傅家谟院士等人培育出一支年轻、高水平、精干、高效的团队，承担了多项国家重点课题并多次获奖。有机地球化学国家重点实验室已成为我国有机地球化学和环境地球化学研究重要的人才培养基地，现已成为中国科学院知识创新基地，培养出一批又一批的优秀人才。

作为院士，彭平安不仅担负着所里繁重的科研任务，还要为课题和科研经费操心。由于他在学术上的特殊贡献，广州市政府奖励他 600 万元。彭平安虽为院士，但工资收入也只够维持家用，妻子凌鸣已经退休，孩子正在上学，家中开支较大，这笔钱无疑是雪中送炭，但考虑到科研经费紧缺，彭平安回家和妻子商量后，决定把这笔资金全部投入到所里作科研经费。

在这个"科学狂人"身上，可以看到年轻一代科学家具有极高的学术造诣和人文素养，他们没有抱残守缺、因循守旧，而是保持着持续学习的习惯，不断挑战科学难题，弘扬勇攀高峰的新时代科学家精神。

读者随笔
·★·

光耀星空

——著名太空科学家吴学超的故事

喻莉娟

吴学超（1928—2020），男，贵州印江土家族苗族自治县板溪镇小毛寨人，曾担任美国地质调查局太空地质研究中心航空测量组组长、国际航测及遥感学会太空测量工作小组主席，从事太阳系各星球及其卫星的测绘研究近30年，是第一位完成火星全球地形测量的科学家，也是研发成功实时在线自动航空测量的学者。

　　1980年10月9日，美国政府为酬谢美籍华裔科学家吴学超完成火星全球测绘的卓越成就，将其新发现的2075号小行星命名为"wu"。

小毛寨的天才

　　1928年4月9日，吴学超出生在贵州省印江土家族苗族自治县板溪镇小毛寨，这里群山环绕，是八条山脉汇集之地，遂被称为"八龙"汇脉。

　　吴学超本名吴学香，外公认定他是个可造之才，于是就把他改名为学超。吴学超天资聪慧，再加上家庭启蒙教育有方，所以他的学识明显优于同龄人，当他进入毛寨小学读书时，直接从三年级开始。1939年，年幼的吴学超第一次走出山坳，进入印江县县立中心小学就读五年级。

1941年，吴学超考入思南中学初中部。从印江小毛寨的家到思南中学有40公里，全是大山，每当新学期开学或放假，吴学超都是徒步上学和回家。夏日炎阳，晒得汗流浃背；冬日严寒，双脚被冻得疼痛麻木，但少年吴学超毫不畏缩，他坚定的脚步一步一步地印在这条艰难的求学之路上。他深信孟子所说的"天将降大任于是人也，必先苦其心志，劳其筋骨……"，将苦难化为动力，立大志，成大器。

1944年，吴学超以第一名的毕业成绩成为唯一一名免试直升思南中学高中部的学生。1947年，吴学超从思南中学高中毕业，决定远行前往报考的大学。他不顾艰难险阻，从家乡徒步，长途跋涉抵达重庆，再经重庆坐船到达南京，考入位于苏州的国民政府国防部测量学校大学部航空测量系。

从学校到测量队

后来国防部测量学校迁校至广州深井，1949年又自广州迁至台湾花莲。测量学校大学部十九期航空测量系学生在苏州时共有18人，随校迁台者11人，吴学超就在其中。1951年暑假，吴学超在台湾花莲毕业，又于这一年的秋天考入台湾南部的空军军官学校三十四期学习飞行。吴学超先通过了初级飞行考试，在高级飞行考试中，因为在返航降落时没有修正好侧风，打了一个地转，遭到淘汰。这是吴学超第一次失败，这次失败也是他人生中的第一个转折点。

说起来，这次失败应该是上天做出的一次正确安排，航空界少了一名飞行员，航天科学界却因此升起了一颗闪光于宇宙空间的"星"，吴学超后来成了太空测绘的顶级专家。离开空军军官学校后，吴学超再返大学深造。1953年，吴学超到台南高级工业职业学校任教，不久后，他便升任为台南高级工业职业学校土木科主任及代理全校实习室主任，同时，他还在台湾成功大学土木工程系兼任讲师，讲授地球形状及地图投影学。吴学超在任职期间编写了讲义，三年后增补编写成《平面测量学》一书，一共上、下两册，由台湾人文出版社出版。该书后来成为台湾地区一些高级工业及高级农业职业学校的测量学教科书。

1958年7月，吴学超结婚。婚后，吴学超到台湾工程处工作，担任测量工程师兼小队长，开始发挥他的测量特长。

1959 年至 1963 年间，台湾开始建设首座大型水库——石门水库。吴学超受邀担任石门水库大坝工程处工程师兼测量队长。吴学超设定的检测核算制度，有效保证了测量的精密度。

就这样，吴学超从教学开始，而后从事工程建设、专司测绘工作，他的专业水平得到了极大的提升，这是他人生的第二个重要转折点。

读博的航空测量师

石门水库完工后，吴学超被派到美国考察。1963年，吴学超去往美国。考察结束后，吴学超决定留在美国继续深造，这是他人生的第三个转折点。

1963年9月，吴学超进入纽约雪城大学攻读硕士学位，专攻遥控遥测专业，1965年获得硕士学位。1965年，吴学超在修完硕士学位课程后，又获得俄亥俄州立大学大地科学系全额奖学金，开始攻读博士学位。

此间，吴学超去访问位于亚利桑那州的美国地质调查局太空地质测量研究中心。当时太空地质测量研究中心正在发射"水手九号"卫星，但传送回来的图片一直不清楚，研究中心为此很着急。在这紧要的时刻，吴学超自告奋勇，挺身而出，利用他在测量学校航测系及在美国雪城大学学到的知识，帮助太空地质测量研究中心化解了难题。于是太空地质测量研究中心决定以高薪聘请吴学超为工程师，并以让吴学超带薪攻读博士为条件延揽其参与太空总署的月球测量工作。而与此同时，美国华盛顿哥伦比亚特区一所实力雄厚的研究所也决定聘请吴学超为航空测量工程师，研究卫星定位系统工作。在不具备美国公民身份的情况下得到美国两所顶尖的科研机构聘请，实属殊遇，这也开启了吴学超以后几十年在美国从事太空科技测量研究的大门，这是吴学超人生的第四个转折点。

最终，吴学超选择留在美国地质调查局太空地质测量研究中心工作，边工作边读博，并于1975年获亚利桑那州大学博士学位。

火星全球地形测量第一人

吴学超获得太空博士学位之后，继续在美国地质调查局太空地质测量研究中心工作。

随着吴学超工作业绩的日渐显露，不久他便在美国地质调查局太空地质测量研究中心担任航空测量组组长，工作范围也从月球延伸至火星、金星，乃至整个太阳系各行星及其卫星的地形测量，与苏联尤瑞托夫宁并列为太空测量领域的开山鼻祖。

吴学超在十数年间一点一滴地收集空间、地面雷达资料和所有可以利用的飞行资讯，发明了以重力数学表面代替海平面来表示火星地形标高的方法，利用"水手号"和"维京号"几次太空飞行计划返回地面的图像，并综合其他各种资料，制定了一套火星全球的平面及高程地形控制网，然后测制火星全球各种不同比例尺的地形图。终于，吴学超系统地完成了火星全球的地形测量工作，并制成了各种大小比例尺的火星地形图。吴学超也由此成为人类完成火星全球地形测量的第一人。

　　1989 年，吴学超应邀前往联合国总部，在太空和平用途科技会议上做专题演讲。

　　国际上对吴学超在太阳系各星球测量方面的贡献评价极高，他一跃成为世界级的顶尖太空科学家，并当选为国际航空遥感学会太空测量工作小组主席。就职期间，吴学超获得美国航空测量与遥感学会的费尔柴奖、国际航测与遥感学会的克森尼奖，美国内政部长颁发的奖章与小行星命名权。中华书局及美国马奎斯的科技名人录上，吴学超均被选在列。

　　1995 年，吴学超从美国地质调查局太空地质测量研究中心退休。位于内华达州拉斯维加斯能源部的遥感实验室立即聘请吴学超以主任科学家的职称主持开展该实验室的航空数据测量工作。吴学超在遥感实验室工作期间又成功研发了实时在线自动航空测量技术，这是航空测量史上一项革命性的创举，对今后测量工程和军事应用以及太空探测均有裨益。

2005 年，吴学超应邀来到北京，在中国国家基础地理信息中心做专题演讲。在这次演讲中，吴学超不但报告了他的研究成果，而且还预告了未来航测的研究方向——光子测量。吴学超不但是太空测量的开山鼻祖，也是全自动即时在线的航测先行者，更是光子测量的启发者。

太空图上的黑点——苏州

吴学超在他测绘的太空遥感地图上标了一个黑点，那是苏州，是他就读测量学校大学部的地方，他以此来表达他对母校的怀念。

尽管吴学超的专业成长和成就大部分都是在异国他乡完成的，但他从来没有忘却过生他养他的故土。

1984 年，中国科学院副秘书长、国际数字地球学会秘书长、遥感学家郭华东赴美国地质调查局太空地质测量研究中心做访问学者。当时吴学超是该中心的航空测量组组长，他对来自祖国的郭华东特别照顾，就连郭华东当时在美国开的车，都是吴学超帮忙选购的。

1994 年，吴学超这位国际知名的"洋博士"漂洋过海回乡探亲，他的家乡——小小的印江县城沸腾了。吴学超曾与思南中学的同学学过《萧何月下追韩信》的唱段，50 年后再相聚，他竟然一字不漏地唱出来："我主爷起兵在芒砀，拔剑斩蛇天下扬，遵奉王约圣旨降，两路分兵定咸阳……"

吴学超不但给故乡小毛寨捐款 40 多万元用来修路建小学，还在思南中学设立了"吴学超学者奖学金"。从 1994 年至 2007 年的 13 年间，思南中学毕业生荣获"吴学超学者奖学金"的有 58 人，他们全都进入了重点大学。同时，吴学超还在印江民族中学、印江鹅岭镇第一完全小学、印江鹅岭镇第二完全小学、印江板溪中学设立了"吴学超学者奖学金"，激励家乡学子发奋努力。他的演讲《我能，你也能》，激励了家乡一代青年人勤奋努力，奋发向上，争做国家有用之才。

在思南中学，有一副对联"博学超士吴敢向太空研地质，丰功震国际赢来吴氏命星名"，这是对校友吴学超一生最好的评价。

读者随笔

后 记

  2025 年开年之际,《贵州科学家故事》第五册、第六册付梓。《贵州科学家故事》是在《贵州科学家传记》的基础上进一步编撰的高质量简本科普读物。全书图文并茂,力求生动,启发性强、借鉴性强,提炼了每位科学家的精神品质,讲述了有特色、令人有所感悟的科学家故事。《贵州科学家故事》以科普图书形式,突出传承科学精神、传播科学理念的特点,可进基层、进企业、进学校,有助于营造尊重科学、尊重人才的良好社会氛围。

  贵州省老科学技术工作者协会于 2024 年启动了第五册、第六册的编撰工作,这是深入学习贯彻党的二十大精神,大力弘扬科学家精神的具体体现;是老科技工作者助力科技创新义不容辞的责任。参与《贵州科学家故事》编写的作者均参加了《贵州科学家传记》的编撰,通过撰写科学家传记,他们被科学家们在科技事业上孜孜不倦的拼搏精神深深感动,乐意进一步围绕科学家们的成长和成就,继续讲述科学家们的小故事。《贵州科学家故事》编辑部始终不渝秉行的宗旨是彰显科学家精神，并要求撰稿作家以饱满的创作热情，以严谨的创作态度，以叙述人物故事的写作手法，力求展现科学家的独特人格魅力和孜孜求索的精神风貌。全书着眼于记述科学家精神，不仅有院士名家的逸闻轶事，更有许多鲜为人知的科技精英孜孜以求、兢兢业业、默默奋斗的故事。希望读者能从中得到启迪、感召和激励，砥砺前行。编辑部和特约撰稿作家虽竭尽心力，但疏漏之处在所难免，写作表现方法也可能不尽如人意，请广大读者和各方专家不吝指正。

在此，由衷地感谢贵州省科学技术协会对《贵州科学家故事》编辑出版的大力支持！感谢各位作家在重新收集相关资料、电话采访相关人员、反复修改文稿等过程中的辛勤付出！感谢杜宁老师为每一篇文章精心配图！感谢尹鲁筑老师带领审稿组对每篇文稿认真审校！再次对编撰《贵州科学家故事》过程中的参与单位和个人表示由衷的敬意和感谢！

编　者

2024 年 12 月于贵阳